上海市果树全产业链生产技术

桃

组编
上海市农业农村委员会

主编
杜纪红　叶正文

上海科学技术出版社

图书在版编目（CIP）数据

上海市果树全产业链生产技术. 桃 / 上海市农业农村委员会组编；杜纪红，叶正文主编. -- 上海：上海科学技术出版社，2023.6
ISBN 978-7-5478-6204-9

Ⅰ. ①上… Ⅱ. ①上… ②杜… ③叶… Ⅲ. ①桃－种植业－产业发展－研究－上海 Ⅳ. ①F326.13

中国国家版本馆CIP数据核字(2023)第099971号

上海市果树全产业链生产技术：桃

上海市农业农村委员会　组编
杜纪红　叶正文　主编

上海世纪出版(集团)有限公司　出版、发行
上海科学技术出版社
(上海市闵行区号景路159弄A座9F-10F)
邮政编码201101　www.sstp.cn
上海盛通时代印刷有限公司印刷
开本 787×1092　1/16　印张 8.25
字数 200千字
2023年6月第1版　2023年6月第1次印刷
ISBN 978-7-5478-6204-9/S·258
定价：58.00元

本书如有缺页、错装或坏损等严重质量问题，
请向印刷厂联系调换

丛书编委会

主 任
—— 方　芳

副主任
—— 彭　友

委　员
—— 孙　海　丰东升　陈　炎　杨储丰
　　张学英　瞿元弟　张维谊　汪学才
　　范红伟　韩玉洁　张文献

本书编写人员名单
—— 周慧娟　李雄伟　卢　芳　吴淑杭
　　褚长彬　邓　波　赵宝明　楼甜甜
　　朱彬彬　周雨璃　周京一　王秀敏
　　郭玉人　张明昊　赵　杰　李为福
　　李　璇　熊　帅　张夏南　胡　洋
　　蒋闻越

丛书总序

2021年中央一号文件指出："要深入推进农业结构调整，推动品种培优、品质提升、品牌打造和标准化生产。要加快健全现代农业全产业链标准体系，推动新型农业经营主体按标生产，培育农业龙头企业标准领跑者。"加快健全现代农业全产业链标准是高标准引领农业高质量发展的一项创新举措，也是农业农村部农业生产"三品一标"提升行动的主要任务。

2022年，上海市农业农村委员会为进一步对标现代农业产业提档升级新要求，强化突显全产业链条概念，联合上海市市场监督管理局印发了《关于进一步加强本市农业农村标准化建设的指导意见》，提出加强农业全产业链标准化建设的重点任务，打破以往标准仅聚焦于农业生产某一环节、某一要素或某一方法、"重产中，轻产前，缺产后"的局面。同时，上海市农业农村委员会组织上海市农业科学院、上海市农业技术推广服务中心、上海市农产品质量安全中心、上海市林业总站等单位的行业技术专家，坚持"缺标补标、低标提标、全程贯标"的原则，聚焦葡萄、桃、梨、柑橘和草莓五大主栽果品，探索形成贯穿"产前、产中、产后"三大环节、"产地环境、建园技术、种质苗木、栽培技术、病虫防治、质量分级、包装贮运"七大维度的全产业链生产技术体系，总结凝练历年研究及应用成果，广泛吸纳上海地区优质果园生产技术，研制了全产业链生产规范地方标准，编制了全产业链生产质量安全管控技术图。为更好地实现由"对标用标"向"看图用标"转变，上海市农业农村委员会组织编著了"上海市果树全产业链生产技术"丛书，助力农业生产和农产品两个"三品一标"协同发展。

"上海市果树全产业链生产技术"丛书是专门为上海地区发展葡萄、桃、梨、柑橘和草莓五大水果产业编写的，包括《上海市果树全产业链生产技术：葡萄》《上海市果树全产业链生产技术：桃》《上海市果树全产业链生产技术：梨》《上海市果树全产业链生产技术：柑橘》和《上海市果树全产业链生产技术：草莓》五本，适合上海地区地势、气候条件和市场需求，具有较为显著的"上海特色"，也符合形势发展需求。丛书各册以产品为模式、全程质量控制为核心，围绕生产主线，从优良品种、建园、树体管理、花果管理、土肥水管理、有害生物及逆境防控、采收及商品化处理、质量安全管理等方面阐述了果树全产业链生产技术，以图文并茂的形式全面、系统地总结了产前、产中、产后各关键生产环节的技术要点，适用于葡萄、桃、梨、柑橘和草莓五大果品的生产管理人员和广大果农阅读参考。该丛书是广大一线科技人员多年的成果汇集，指导性强。

  丛书的编者都是从事果树科研与生产的专家，既有深厚的理论功底，也有丰富的实践经验。我相信，该丛书的出版对上海地区果园向高品质、高科技、高效益、绿色化、标准化、品牌化发展具有一定的指导意义，也能助力上海打造现代农业全产业链标准化生产样板，特此作序。

方 芳

上海市农业农村委员会副主任、一级巡视员

前言

桃 [*Prunus persica* (L.) Batsch] 属于蔷薇科（Rosaceae）、李属（*Prunus* L.），原产于中国，距今已有 4 000 多年的栽培历史。桃果实色泽艳丽、肉质柔软多汁、风味鲜美、芳香诱人，具有补中益气、养阴生津的功效，被民间神话广传为"仙果"，深受消费者和种植户的喜爱。

我国是世界桃生产第一大国，2021 年中国桃栽培面积约为 1 500 万亩*，产量约为 1 700 万吨左右（占世界 77.98%）。桃作为重要的经济作物，在我国乡村振兴战略中发挥着重要的作用。上海是水蜜桃的重要发祥地之一，距今已有 370 余年的栽培历史，上海水蜜桃为世界桃种质改良和产业发展做出了突出贡献。上海选育的锦绣、锦香等"锦"系列黄桃品种在全国占有重要的地位，是全国现有鲜食黄桃的主栽品种，约占总种植面积的 80%。目前，上海桃树的种植面积约为 6 万亩，形成了南汇水蜜桃、奉贤黄桃、金山蟠桃等具有区域特色的国家地理标志农产品。随着桃园管理人员老龄化、生产成本持续攀升等现实问题的出现，桃产业发展遭遇瓶颈，有待转型升级。传统的生产模式已经无法满足现代果业发展的需求，主要表现在产前桃园基础设施与现代农机农艺不匹配、产中栽培模式标准化程度低、产后商品化处理技术水平有待提升等问题。

本书分别从优良品种、科学建园、树体管理、花果管理、土肥水管理、有害生物及逆境防控、采收及商品化处理、质量安全管理等八方面进行论述，详细阐述了桃产前、产中、产后各环节的生产技术标准，以全面提高桃产业技术水平、支撑桃产业可持续发展、增强桃产品的市场竞争力，最终实现桃产业绿色、优质、高效、安全的生产目标，为农民增收、农业增效做出新贡献。

---

* 1 亩 ≈ 666.7 平方米。

在本书编写过程中，承蒙有关单位和个人的大力支持，我们得以参考了国内外相关资料和图书，同时又获得了生产实践中的数据和经验，在此一并表示衷心感谢。因编著技术水平、写作能力所限，书中疏漏和不足之处在所难免，敬请广大读者批评、指正。

编　者

2023年4月

目录

一、优良品种　001

（一）水蜜桃 / 002

（二）鲜食黄桃 / 004

（三）蟠桃 / 006

（四）油桃 / 008

二、科学建园　011

（一）园地选择与规划 / 012

（二）设施设备 / 017

（三）种植前准备 / 023

（四）种植与栽后管理 / 024

三、树体管理　027

（一）常用树形 / 028

（二）生长季修剪 / 031

（三）冬季修剪 / 033

四、花果管理　037

（一）人工授粉 / 038

（二）疏花疏果 / 041

（三）果实套袋 / 044

五、土肥水管理　049

（一）土壤管理 / 050

（二）施肥管理 / 053

（三）水分管理 / 056

六、有害生物及逆境防控　061

（一）主要有害生物及绿色防控 / 062

（二）主要灾害逆境及防控方法 / 087

七、采收及商品化处理　093

（一）采收 / 094

（二）分级 / 096

（三）包装 / 098

（四）保鲜 / 099

（五）运输 / 101

八、质量安全管理　103

（一）管理制度 / 104

（二）风险管控关键点 / 105

（三）品质提升关键点 / 106

（四）农产品认证 / 108

附录　110

1. 绿色食品认证流程 / 110

2. 桃主要农事周年历 / 110

3. 桃绿色生产登记药剂防治 / 112

4. 桃生产中禁用农药名录 / 113

5. 果园常用机械 / 114

主要参考文献　119

上海市果树全产业链生产技术：桃

上海市果树全产业链生产技术

桃

一

优良品种

优良品种是确保优质、稳产、高产的重要基础,各种先进的栽培措施、管理技术及生态因素都要通过品种这个内因起作用。目前,上海地区桃的主栽类型为水蜜桃、黄桃和蟠桃,还有少量油桃。

(一)水蜜桃

1. 春晓

日本品种,是优良的早中熟水蜜桃品种(图1-1),在上海地区果实7月上旬成熟;平均单果重210克,最大果重325克;果型较端正,大小均匀;平顶,缝合线浅;果面全红,色彩鲜艳;果肉白色,肉质硬脆,可溶性固形物含量12%~14%,耐储放。该品种易形成花芽,各类果枝均能结果;花蔷薇型,自花结实率高。露地、大棚设施内均可种植,生产中注意疏果。

图1-1 春晓(葛志刚 拍摄)

2. 大团蜜露

上海市浦东新区新场镇(原南汇区新场镇)选育的优良中熟水蜜桃品种(图1-2),在上海地区果实7月中下旬成熟;平均单果重220克,最大果重565克,因果型大,故有"半斤桃"之称;果形圆整,果顶及阳面呈霞红色,色泽美观;果肉白色,香味浓,可溶性固形物含量12%~14%。该品

图1-2 大团蜜露

种生长势中等偏强，花蔷薇型，没有花粉，需要配置授粉树或者人工授粉来提高坐果率。

3. 湖景蜜露

江苏省无锡市郊区河埓乡湖景村选育的优良中熟水蜜桃品种（图1-3），在上海地区果实7月中下旬成熟；平均单果重220克，最大果重350克；果实近圆形，果顶平，缝合线明显；果皮底色浅黄白色，全果呈粉红色，皮易剥离；果肉白色，肉质柔软；汁液多，有香气，可溶性固形物12%～14%。花蔷薇型，花粉多，花期较晚，故受低温天气影响较小，坐果率高，丰产稳产。该品种抗病性强，外观艳丽，糖度高，丰产性好，品质优，是上海地区水蜜桃的主栽品种之一。

图1-3　湖景蜜露

4. 新凤蜜露

上海市浦东新区新场镇（原南汇区新场镇）选育的优良中熟水蜜桃品种（图1-4），在上海地区果实7月中下旬成熟；平均单果重200克，最大果重400克；果实近圆形，果皮底色乳黄色，向阳面鲜红色；果肉乳白色，汁多，味浓甜，有香气，品质上等，可溶性固形物含量13%～14%。花蔷薇型，有花粉，自花结实率高，丰产性好，大小年不明显，是上海地区水蜜桃的主栽品种之一。

图1-4　新凤蜜露

5. 川中岛

日本品种，是优良的中晚熟水蜜桃品种（图1-5），在上海地区果实7月下旬成熟；平均单果重230克，最大果重350克以上；果实圆形，果面玫瑰红色；果肉乳白色，细腻多汁，可溶性固形物含量13%～14%，耐贮运。树势强健发枝力强，各类果枝均能结果、较丰产；花蔷薇型，没有花粉，需异花授粉，自然授粉坐果率较高。

图1-5　川中岛

（二）鲜食黄桃

1. 锦香

上海市农业科学院选育的优良早熟鲜食黄桃品种（图1-6），已通过国家林木品种审定，在上海地区果实6月下旬成熟；平均单果重203克，最大果重330克；果实圆整，两半匀称；果肉黄色，鲜食风味优良，香气浓郁，可溶性固形物含量9%～11%。花蔷薇型，无花粉，需要配置授粉树或者人工授粉，自然授粉坐果率较高。栽培过程需注意分批疏果，防止果实生长过快造成裂核。

图1-6　锦香

一、优良品种

2. 锦冠

上海市农业科学院选育的优质中熟鲜食黄桃新品种（图1-7）；在上海地区果实7月中下旬成熟；平均单果重216克；最大果重285克，果实近圆形，果皮底色黄，着紫红色25%～50%左右；果肉黄色，味甜，香气浓，汁液较多，可溶性固形物含量12%～14%。花蔷薇型，花粉量大，自花结实率高。

图1-7 锦冠

3. 锦园

上海市农业科学院选育的中晚熟鲜食黄桃品种（图1-8），已通过国家林木品种审定，在上海地区果实8月上旬成熟；平均单果重206克，最大果重270克；果实近圆形，果顶圆平；果肉黄色，味甜，汁液较多，鲜食风味优，香气浓，可溶性固形物12%～14%。花铃形，有花粉，丰产稳定。

图1-8 锦园

4. 锦绣

上海市农业科学院选育的晚熟鲜食黄桃品种（图1-9），已通过国家林木品种审定，在上海地区果实8月中下旬成熟；平均单果重220克，最大果重460克；果实圆或椭圆，外观漂亮；肉色金黄，甜多酸少，鲜食风味优，香气浓；可溶性固形物含量13%～15%。花蔷薇型，有花粉，开花迟，

图1-9 锦绣

不易受晚霜为害，丰产稳产；耐贮运，抗炭疽病，是上海乃至全国种植面积最大的鲜食黄桃品种。

5. 锦花

上海市农业科学院选育的晚熟鲜食黄桃品种（图1-10），已通过国家林木品种审定，在上海地区8月下旬至9月上旬成熟；平均单果重228克，最大果重396克；果实圆或椭圆，果皮和果肉均为金黄色，鲜食风味优，香气浓；可溶性固形物含量13.0%～16.0%，耐贮运。花蔷薇型，有花粉，开花迟，不易受晚霜为害，丰产稳产。栽培过程中注意果实发育后期水分的均匀控制，避免采前生理落果。

图1-10　锦花

（三）蟠桃

1. 玉露蟠桃

浙江省奉化的地方品种（图1-11），在上海地区果实8月上旬成熟；平均单果重150克，最大果重可达290克；果实扁平形，果顶凹入，缝合线深，两侧较对称；成熟时果面底色乳白，顶部和阳面有玫瑰红点或晕，易剥皮；果肉乳白色，肉质柔软，纤维中等；汁液多，风味甜浓，富有芳香，可溶性固形物含量为12%～14%。花蔷薇型，有花粉，丰产性好，是上海市蟠桃的主栽品种之一，栽培中应该注意控制树势，避免旺长。

图1-11　玉露蟠桃

2. 沪蟠2号

上海市农业科学院选育的早中熟蟠桃新品种（图1-12），在上海地区果实7月上中旬成熟，比主栽品种玉露早熟15天左右；平均单果重204克，最大果306克；果顶闭合，果面平整，果面底色为白色，盖色为红色，着色面积约为25%～50%；果肉白色，汁液较多，甜度高，风味佳，可溶性固形物含量13%～14%。花蔷薇型，有花粉，自花结实率高，丰产稳产。栽培中注意调控树势，避免旺长。可与玉露蟠桃搭配种植，有望成为上海地区蟠桃的主栽品种。

图1-12　沪蟠2号

3. 中蟠11号

中国农业科学院郑州果树研究所选育的蟠桃新品种（图1-13），在上海地区果实7月中下旬成熟；平均单果重250克，大果300克以上；果实扁平形，两半部对称；果顶稍凹入，梗洼浅，缝合线明显，成熟状态一致；果皮有毛，底色黄，果面80%以上着鲜红色晕；果肉橙黄色，肉质为硬溶质，耐贮运；风味浓甜，有香味，可溶性固形物含量13%～14%。花为铃型，有花粉，自花结实。幼树生长势旺，容易形成较粗的长果枝，中间段盲芽多，须控制树势，减少氮肥的使用量。

图1-13　中蟠11号（王新卫拍摄）

4. 金霞早油蟠

江苏省农业科学院选育的早熟油蟠桃品种（见图1-14），在上海地区果实6月中旬成熟；平均单果重120克，最大果重232克；果顶凹陷、闭合完美，果面着鲜艳红色；果肉橙黄色，无红色素，肉质极其细腻，汁液丰富，纤维少而细，香气极浓郁，果实可溶性固形物含量12%～13%。花蔷薇型，有花粉，自花结实率高，需严格疏花疏果，合理负载。

图1-14　金霞早油蟠

5. 金霞油蟠

江苏省农业科学院培育的中晚熟油蟠桃品种（图1-15），在上海地区果实7月中下旬成熟；平均单果重138克，最大果256克；果实扁平，光洁无毛，果皮呈艳丽红色；果肉金黄色，肉质脆甜，成熟度较高时有浓郁的香气，果实可溶性固形物含量14%～16%左右。花蔷薇型，有花粉，自花结实率高，需要严格疏花疏果，合理负载。多雨年份有轻度裂果现象，在上海等南方地区宜采用避雨设施栽培。

图1-15　金霞油蟠（葛志刚　拍摄）

（四）油桃

1. 沪油桃005

上海市农业科学院选育的早熟油桃新品种（图1-16），在上海地区6月上中旬成熟；平均单果重145克，最大果重264克，果实近圆形，表面全红；果肉黄色，肉质致密，耐贮运；可溶性固形物含量11%～13%，甜多酸少，风味优。蔷薇花型，有花粉，自花结实率高，丰产稳产，露地栽培基本无裂果。

图1-16　沪油桃005

2. 沪油桃018

上海市农业科学院选育的优质早熟油桃品种（图1-17），已通过国家林木品种审定，在上海地区果实6月中下旬成熟；平均单果重150克，最大果225克；果实椭圆形，果顶圆平，缝合线两半部较对称；果面底色浅黄，大部分果面着紫红色；果肉黄色，肉质致密，硬溶质，汁液中等，纤维少；果实可溶性固形物10%～13%，风味香甜。蔷薇花型，有花粉，自花结实率高，产量稳。多雨年份有轻度裂果现象，在上海和其他南方地区宜采用避雨设施栽培。

图1-17　沪油桃018（王涛 拍摄）

上海市果树全产业链生产技术：桃

上海市果树全产业链生产技术

桃

二 科学建园

建园质量与抗风险能力、果品质量、管理成本以及经济效益息息相关。因此，桃种植从建园开始就要高起点、高标准，通过制定详细的园地规划、配备良好的设施设备、引种优质的品种苗木，利用充足的光照和肥沃的土壤及高效的栽培管理技术，为实现生产绿色、优质桃果品奠定基础。

（一）园地选择与规划

1. 园地选择

（1）地理位置

桃园应建在交通便捷、电力、灌溉条件、劳动力资源能满足桃园生产需求的区域。远离废水、废气、废渣的"三废"污染地区；远离污染源，如工矿企业、交通干线、医院、饲养场、垃圾和废弃物堆放场等，一般要求与工厂相距5千米以上、与交通主干线相距0.5千米以上。

（2）地势

桃树根系浅，喜干旱，怕水涝，故应选择地势较高、土地平坦、土层较深厚（耕作层在50厘米以上）、地下水位0.8米以下，含盐量不超过0.14%的地块。如果地势较低，可以通过客土、起垄、暗排、小包围和强排等方法降低地下水位。如果土壤含盐量较高，可以通过增施有机肥、播种绿肥和排水洗盐等技术措减轻盐害。

（3）产地环境

① 空气质量要求

桃园选址时需注意，要选择远离大气污染排放源、环境质量符合标准要求的地区建园，以避免空气污染对果实造成的污染。产地空气环境质量要求需满足NY/T391《绿色食品 产地环境质量》的规定，具体见表2-1。

② 灌溉水质要求

桃园灌溉用水包括江湖泊、水库、井水等。灌溉用水的pH及矿化度是反映水质优劣的两个主要指标。在绿色桃果品生产中,还要考虑水中有毒金属离子(铅、砷、镍等金属离子)及卤离子(氟、氯等元素离子)的绝对含量。绿色桃园的灌溉水质应符合GB 5084《农田灌溉水质标准》和NY/T 391《绿色食品 产地环境质量》的要求,具体见表2-2。

表2-1 空气质量要求

项 目	指 标	
	日平均[a]	1小时[b]
总悬浮颗粒物(毫克/米^3)	≤0.3	—
二氧化硫(毫克/米^3)	≤0.15	≤0.5
二氧化氮(毫克/米^3)	≤0.08	≤0.2
氟化物(毫克/米^3)	≤7.0	≤20

a 指任何1日的平均指标。
b 指1小时指任何1小时的指标。
注:相关指标参照NY/T 391的要求制定。

表2-2 农田灌溉水质要求

项 目	指 标	引用文件
pH	5.5~8.5	NY/T 391
悬浮物(毫克/升)	≤15	GB 5084
五日生化需氧量(毫克/升)	≤15	GB 5084
化学需氧量(毫克/升)	≤60	NY/T 391
阴离子表面活性剂(毫克/升)	≤5.0	GB 5084
氯化物(以Cl$^-$计)(毫克/升)	≤350	GB 5084
硫化物(以S^{2-}计)(毫克/升)	≤1.0	GB 5084
总汞(毫克/升)	≤0.001	NY/T 391
总镉(毫克/升)	≤0.005	NY/T 391
总砷(毫克/升)	≤0.05	NY/T 391
总铅(毫克/升)	≤0.1	NY/T 391

续 表

项目	指标	引用文件
六价铬（毫克/升）	≤0.1	NY/T 391
粪大肠菌群数（最近似数/升）	≤10 000	NY/T 391
蛔虫卵数（个/10升）	≤10	GB 5084
氟化物（毫克/升）	≤2.0	NY/T 391
氰化物（以CN⁻计）（毫克/升）	≤0.5	GB 5084
石油类（毫克/升）	≤1.0	NY/T 391

注：相关指标参照GB 5084-2021和NY/T 391的要求制定。

③ 土壤质量要求

土壤环境要求：土壤环境质量包括pH、总镉、总汞、总砷、总铅、总铬以及总铜等参数，各指标应符合NY/T 391《绿色食品 产地环境质量》的要求，见表2-3。

表2-3 土壤质量要求

项目	指标
pH	6.5～7.5
总镉（毫克/千克）	≤0.3
总汞（毫克/千克）	≤0.3
总砷（毫克/千克）	≤20
总铅（毫克/千克）	≤50
总铬（毫克/千克）	≤120
总铜（毫克/千克）	≤60

注：相关指标参照NY/T 391的要求制定。

土壤肥力要求：土壤肥力应符合NY/T 391《绿色食品 产地环境质量》中园地I级规定，见表2-4。

表2-4　土壤肥力要求

项　目	指　标
有机质（克/千克）	>20
全氮（克/千克）	>1
有效磷（毫克/千克）	>10
速效钾（毫克/千克）	>100

注：相关指标参照NY/T 391的要求制定。

土壤茬口要求：桃树对重茬反应敏感，往往表现生长衰弱、产量低、病虫害严重等问题，因而应尽可能避免重茬地建园。如需在重茬地建园，土壤必须进行改良。常用的方法包括淹水、园土深翻、轮作一季水稻、增施有机肥、施用再植障碍修复菌剂等措施（图2-1）。

挖除老树

淹水

种植水稻

图2-1　重茬园再建园改造过程

2. 园地规划

（1）整体规划

建园前应对园地进行整体规划和设计，通过实地勘测，绘制出园区地形地势图。根据园区的实际情况，确定园区规划的目标和定位，并以此为基础进行规划设计和发展思路的制定。一般情况下，桃园栽培面积应占园地总面积的85%以上，其他非生产用地约为15%以下。根据各个功能需求，制定符合实际情况的总体布局和功能分区，如办公区、种植区、水肥控制区、产品处理区等。

（2）小区规划

桃园宜集中连片以便于生产作业和机械化运输。园区应因地制宜划分成若干小区，小区间以道路、沟渠间隔。小区宜建成长方形（图2-2），南北向为宜，小区长宽比可为2∶1或5∶3，宽度≤60米，长度≤100米，其长边应与防护林走向一致，

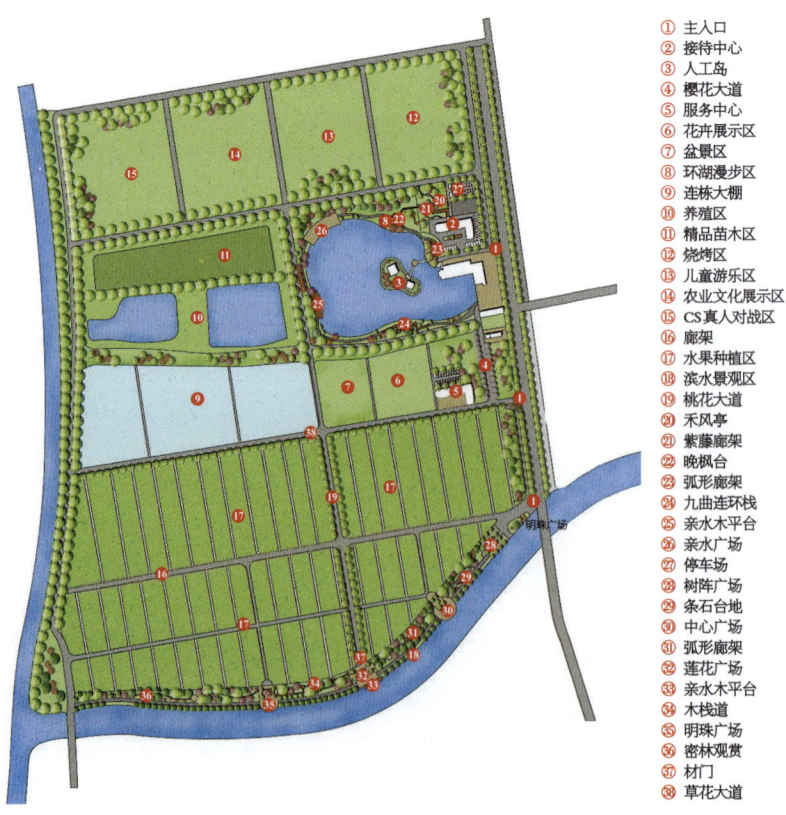

图2-2　桃园平面设计示意图

可减轻风害。

（二）设施设备

1. 基础设施

（1）道路设施

道路系统需根据桃园规模、地形地势等规划设计，主要由主路、支路和田间作业道路组成（图2-3），具体参数见表2-5。主路需硬化，贯穿全园，外接公路，内接支路，路面宽度4.0～5.0米，主要用于运输全园果品和物资。支路与主路垂直，是小区之间的分界线，宽度3.0～4.0米，用于拖拉机和小型汽车穿行，距离过长时应

表2-5 道路系统参数

级别	硬化要求	宽度（米）
主路	硬化	4.0～5.0
支路	硬化	3.0～4.0
田间作业路	不硬化	2.0～3.0

主路

兼排水功能的支路

田间作业道

图2-3 桃园道路

设置会车点,路面宜硬化处理。田间作业道是临时性道路,多设在定植行间的空地,一般与支路垂直连接,宽度约2.0~3.0米,用于机械设备通行和人员无障碍通行,不宜硬化。

(2) 排水系统

① 明沟排水

明沟排水是桃园的主要排水方式。在南方水网地区传统栽培模式要求三沟配套,主要包括围沟、腰沟和毛沟(畦沟),要求做到雨后能快速排干桃园积水。如今,桃园种植向规模化发展,对排水系统有更高的参数要求,适于建立三级明沟排水系统(图2-4),具体参数见表2-6。该排水系统由一级排水沟(围沟和主排水沟)、二级排水沟(贯通小区间的纵、横向排水沟)和三级排水沟(小区内腰沟和畦沟)组成。二级沟系间隔40~50米。深度就地势而定,海拔3.0米以下,地下水位高于0.8米的地区一级沟深1.2~1.5米,宽2.0~2.5米;二级沟深0.8~1.0米,宽1.0~1.5米;三级沟深0.4~0.7米,比降一般为0.1%~0.3%。

表2-6 明沟排水系统参数

级 别	类 别	深度(米)	宽度(米)
一级排水沟	围沟和主排水沟	1.2~1.5	2.0~2.5
二级排水沟	纵横向排水沟	0.8~1.0	1.0~1.5
三级排水沟	腰沟和畦沟	0.4~0.7	0.8

一级排水沟

二级排水沟

三级排水沟

图2-4 明沟排水系统

② 暗管排水

通过在果园地下埋设管道进行排水,具有不占地、不影响地面操作的优点,但也存在成本过高的弊端。常用的暗排管为包裹无纺布的带孔波纹管,直径15厘米到20厘米,埋入地下的深度为0.7~1.0米,铺设比降为0.3%~0.6%。暗管周围放置稻壳和修剪后的废弃枝条用于过滤泥沙,距地面20厘米处开始覆盖泥土并踩实。暗排管的位置可以在行间也可以在树下,根据种植密度和地势高度灵活安排(图2-5)。

③ 强制排水

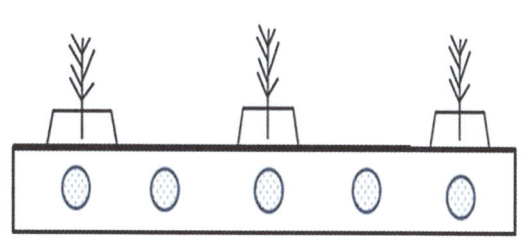

起垄与暗排相结合

包裹无纺布的波纹管

图2-5 暗排

易淹水的桃园需建设完整的强制排水系统(图2-6),包括围堰和排水沟渠系统,除上述常规排水系统外还需建设集水池,甚至是排水闸门,可起到集聚雨水后利用强排水泵排除积水的作用。

(3)灌溉系统

灌溉系统水源常选择河水,采用滴灌、微喷灌溉的河水必须过滤(图2-7)。盐分高、pH高的水源不宜用于桃园灌溉,宜修建雨水收集池。建立灌溉系统前应该按照泵站的规格和灌溉方式规划好灌溉小区。每小区面积宜50亩左右,并设立独立控制阀门。在离水源近的地方设置泵房、肥料池等水肥一体化灌溉设施。该设施应符合T/SFAEA 040001《设施种植水肥一体化灌溉系统技术规范》的规定,相关参数参

桃园强排集水池　　　　　　　　　桃园周边的围堰

图2-6　强制排水系统

图2-7　水肥一体化过滤系统

考表2-7。

表2-7 水泵和干管的主要技术规格参数

面积（亩）	水泵		干管	
	功率（千瓦）	数量（台）	水量（平方米/小时）	干管管径（毫米）
≤50	5.5	2	23～46	≥90
50～100	7.5～11.0	2	46～85	≥110
100～200	11.0～15.0	3	85～160	≥110

（4）其他配套设施

在园区交通便利处每亩配套建设管理用房1米^2、生产资料库房3米^2、果品采后预处理间1.5米^2、农用机械储放间3米^{2}等基础设施，配套设施设备齐全，并在醒目的位置树立标示牌。部分果实储藏和分级场所见图2-8。

冷库　　　　　　　　　　　果实分级场地

图2-8 果实储藏和分级场所

2. 栽培设施

上海地区夏季高温多雨，采用设施大棚进行避雨栽培能够有效减轻油桃裂果和蟠桃裂顶的发生率，提高果品的商品果率。为兼顾桃树需光性强的生物学特性和降低大棚换膜成本，大棚顶部宜设计为全开模式。推荐大棚型号GSWQT10440，肩高4米，顶高5～6米。设施大棚内应配置自动卷膜、灌溉及智能化监控管理等配套设备（图2-9）。

大棚侧面

大棚内部

图2-9　桃树专用大棚

（三）种植前准备

1. 平整土地

全园撒施有机肥5～10吨/亩，然后进行深翻，深度以40～60厘米为宜。深翻后进行土地平整，并设置一定坡向用于田间排水，其坡面取向与水流方向一致，坡度≤10°，比降≥2‰，平缓顺畅，不能出现坑洼不平。

2. 起垄

根据规划要求确定株行距后即可起垄。挖机将行间的表土聚到垄上，垄高30～40厘米，垄宽1.5～2.5米，种植行两头需各留4米左右的机械转弯道（图2-10）。

图2-10 起垄与果园机械转弯道

3. 苗木选择

建园宜选择品种纯正、枝条健壮、根系发达无严重病虫害和机械损伤的优质苗木（图2-11）。苗木质量应符合GB19175《桃苗木》中一级苗木的规定，具体要求为：品种与砧木纯度≥95%，苗木高度≥80厘米，嫁接口愈合良好，整形带内饱满芽个数≥6，根皮与茎皮无干缩皱皮和新损伤处，无介壳虫和流胶病；侧根数量≥4，

图2-11　苗木（一年生成苗）

侧根均匀，舒展而不卷曲，无根癌病和根结线虫。购买苗木时需较预算株多5%用于后期补苗。

（四）种植与栽后管理

1. 种植密度

在建园规划时，应根据地块和品种特性及树形特点因地制宜选择合适的树形和栽培密度。为满足桃园现代化和机械化的需要，面积较大的新建园宜采用宽行密植模式，树形和株行距参考本书第三部分常用树形的相关内容。

2. 苗木定植

上海地区从桃树秋季落叶后到春季萌芽前均可定植。定植时间越早，发根越好，越有利于促进树体快速生长。

苗木定植前应进行挑选、整理，剔除不符要求的苗木，解除嫁接绑带，修剪损伤根系。

根据定植计划在种植行拉线并在定植点做好标记。在定植点挖小穴，将处理过的苗木放入穴中，使根系舒展、散开，填入表土，到一半时将苗木轻轻提起，使根系与土壤紧密接触，然后继续填入表土，用脚踏实后，整出树盘，灌透水。

3. 苗期管理

（1）定干与树形培养

定植后及时定干，定干高度50~60厘米，剪口下要有3~5个饱满芽（图2-12）。苗木萌芽后，要及时抹除嫁接口以下的萌蘖。

6月上中旬桃树枝条长到50厘米左右时，根据树形需求选留2~3个生长势强，方向合适的枝作为主枝，为防止挂果后因主枝间距离过近而引起劈裂，相邻主枝在主干上着生的位置距离需大于10厘米，将选留的主枝绑缚在竹竿上，主枝每向上延长40~50厘米绑缚固定1次；使用较粗的布条，交错变换方向呈"8"字形进行绑缚，并为枝条后续加粗留出空隙（图2-13）。

雨水较少的秋冬季可以进行镀锌管支架的搭建，支柱基部需要填充水泥石子加固，防止被台风吹倒（图2-14）。

图2-12　定干

图2-13　插竹竿

图2-14　搭建镀锌钢管支架

（2）肥水管理

春季保持肥水供应充足，保证苗木发芽和旺盛生长，具体参考本书第五部分土肥水管理内容。

（3）病虫害防治

幼树期主要防治的病虫害为梨小食心虫、蚜虫和细菌性穿孔病。具体参考本书第六部分主要有害生物及绿色防控内容。

上海市果树全产业链生产技术

桃

三

树体管理

树体管理的主要目的是形成和维持树体结构整齐一致，便于机械化操作。其次，还有调整树形、调节树势、提高产量和提升果实品质等作用。对于不同树龄的树体来说，幼树尽量做到早结果、早丰产；成龄树做到优质、丰产，延长结果期限；衰老树种尽量做到及时更新，促进生长，保持产量。

（一）常用树形

为减少果实生产过程中的劳动用工，方便果园机械的自由穿行，可选择正Y字树形、顺行Y字树形和三主枝挺身树形等宜机化树形。

1. 树体结构

（1）正Y字树形

树形特点：干高50厘米，两个主枝垂直行向延伸，夹角为30～60°，主干与主枝形成Y字形状。树体只有两级枝，主枝上着生小型结果枝组和结果枝。株距2.0～2.5米、行距5.0～5.5米，亩种植48～67棵。树体高度不超过行距的80%，如果有升降平台，建议树高3.5～4.0米；如果没有升降平台，建议树高2.5～3.0米。

该树形具有成形快、早期丰产性好、空间利用率较高，方便管理的优点，是目前生产中主流的一种宜机化树形（图3-1）。

（2）顺行Y字形树形

树形特点：是正Y字树形的变形，不同于Y字形双干垂直于行向，此树形主枝与行向平行（图3-2），树冠呈扁冠形分布。干高50厘米，两个主枝夹角为30～60°，株距2.0～2.5米，行距4.0～4.5米，亩种植数量在60～83棵，树高2.5～3.5米。

该树形投产快、产量中等，修剪方便，树体上下见光性好，较其他树形提早成熟2～3天，但对管理水平要求较高，如果管理不当会造成行间枝条交叉，影响机械操作。由于树冠呈扁平型，抗风性较差，需要水泥柱子或者镀锌支架绑缚，以防台风危害。

图3-1 正Y字树形及示意图

图3-2 顺行Y字树形及示意图

(3) 三主枝挺身形

树形特点：传统开心形的改良版。传统开心形开张角度大，树冠较矮，行间无法进行机械操作，人员进出也不方便。三主枝挺身形主干高40~60厘米，三个主枝通过拉枝向外展开（图3-3），基角为50°，梢角为45°，株距3.5~4.0米，行距5.0~5.5米，每亩种植30~38棵。

该树形亩种植棵数少，既省苗木投资，又省修剪用工量及农资投入；尽管该树形进入丰产期时间略晚，但果个较大，单株产量高，整体效益不低。

图3-3 三主枝挺身形及示意图

2. 树形培养

上述几种树形的培养过程基本一致，区别在于主枝的数量、方向及角度，以Y字形树体整形过程为例，整形过程见图3-4，经过两年培养树形基本形成。

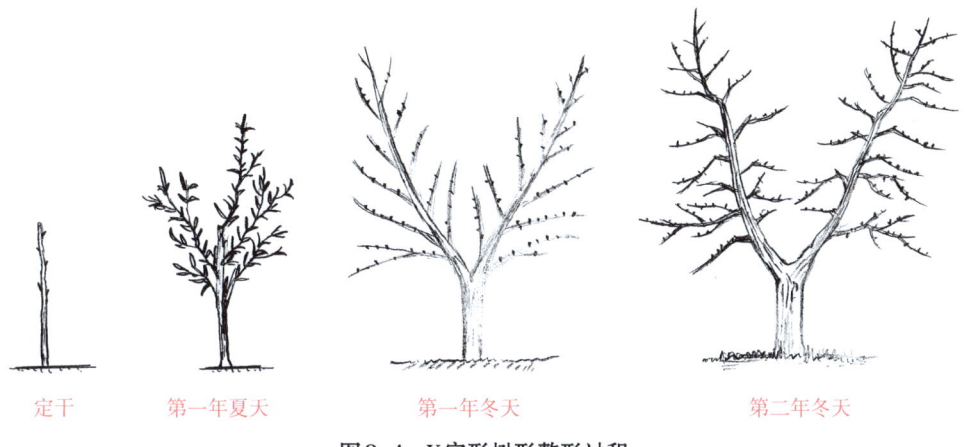

图3-4　Y字形树形整形过程

（二）生长季修剪

1. 幼树生长季修剪

5—6月对主干上的新梢进行摘心或扭梢，及时疏除主干延长头的竞争枝，以保证其生长优势。7—8月以控旺长为主，通过扭梢、拿枝和回缩来调控长势。9月中下旬进行1次秋季修剪，疏除上部过密枝条和直立强旺枝、徒长枝，对非直立生长的强壮新梢进行回缩，保证留下的新梢通风透光，促进花芽分化（图3-5）。夏季修剪量宜轻，每次剪除的枝条一般不超过全树总枝量的10%。

2. 结果树生长季修剪

结果树的修剪除常规操作，还需增加花前复剪、采前和采后修剪三个环节（图

扭梢　　　　　　　　　　　　摘心

延长头修剪前　　　　　　　　延长头修剪后

疏除直立强旺枝　　　　　　　回缩非直立旺枝

图3-5　幼树生长季修剪方法

3-6)。3月下旬，花芽膨大期进行花前复剪，疏除无花枝和过密的有花枝，减少开花期树体营养消耗和疏花疏果工作量。4月中旬至5月中旬，抹除背上芽、背下芽、剪口芽和延长头的竞争芽（枝），对主枝空挡部位的背上或背下枝进行扭梢或拿枝，改变新梢的生长方向，填充空挡，让结果枝分布均匀。6月份剪除徒长枝、过密枝，短截过粗的结果枝促发二次枝，改善树体的通风透光，促进果实着色和增加果实糖度积累。8—9月进行剪除徒长枝和过密枝，改善树体通风透光，防止因上层郁闭导致底层枝条死亡，提高花芽分化的质量。如果树体过高可在10月份进行落头。

春季花前副剪　　　　　　夏季修剪　　　　　　秋季修剪

图3-6　结果树生长季修剪

（三）冬季修剪

1. 幼树冬季修剪

幼树冬季修剪以缓放为主。首先对主枝延长头短截，树势强留长，树势弱留短，并依照主枝的开张角度选留剪口芽的方向，以调整主枝方向；一般主枝开张角度偏大的，选留背上芽，开张角度偏小的选留背下芽，开张角度合适的选留侧芽。其次，疏除延长头剪口下30厘米内生长的枝条；疏除定干高度以下的所有枝条；疏除基部粗度超过中心干粗度1/3的枝和背上枝与背下枝，保留中庸偏壮的斜生枝进行长放，如果斜生枝过长则回缩至末端第一个副梢位置。最后疏除细弱枝，过密枝，确保结果枝轮生在主枝上，上下相邻新梢的基部间距保持20～30厘米，上下同方向的相邻新梢间距超过40厘米（图3-7）。

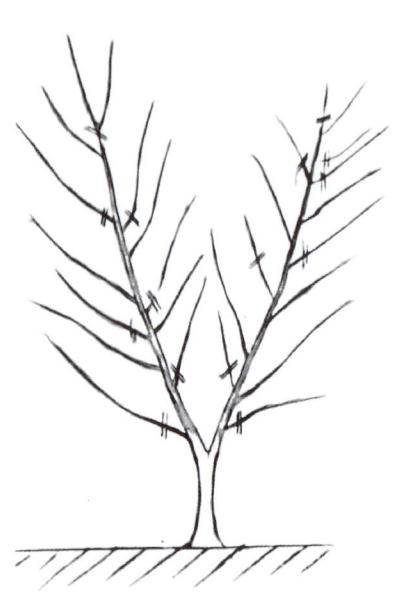

图3-7　幼树冬季修剪

2. 结果树冬季修剪

根据树势强弱（图3-8）采用不同的修剪方法。长势强旺树修剪宜轻，少短截或不短截，以长放和疏剪为主；长势弱的树及衰老树，应中、重短截修剪，恢复树势。生产中，需将疏剪和短截修剪相结合。主侧枝修剪要掌握抑强扶弱，平衡树势。株间树冠不宜交叉，需及时回缩。

首先对主枝延长头进行修剪，树高不同，修剪方法不同（图3-9）。若树高未达到预期高度，应对延长头进行短截，让其剪口下继续抽生新的延长头，短截时注意剪口芽的方向。若树高已经达到预期高度，则不短截，疏除延长头顶端以下60厘米的结果枝，翌年促发新的结果枝。若树高已经超过预期高度，可将延长头回缩至一定高度以下的某个健壮结果枝上。

三、树体管理

树势强　　　　　　　　　　　　　　树势弱

图3-8　不同树势的桃树

延长头短截　　　　　延长头长放　　　　　延长头回缩

图3-9　延长头不同处理方法

其次是培养结果枝组，随着树龄的增加，主枝上萌发的基生结果枝会逐年减少，后期结果的主力为结果枝组。结果枝组的培养原则是由下往上，左右交叉，下大上小，同侧大的结果枝组的距离不小于60厘米，中间穿插基生结果枝和小枝组。

冬剪中注意保留主枝空挡部位的结果枝或徒长枝，通过短截的方法将其培养成结果枝组。

3. 衰老树修剪

这段时期除结果枝组需要复壮更新外，对已衰老的主枝要进行重回缩。充分利用树冠内膛的徒长枝填空补缺，让其转化为结果枝组，同时加强肥水管理，延长老树寿命。

上海市果树全产业链生产技术

桃

四 花果管理

现代果品生产以获得优质、高产的商品果实为主要目标。加强果树的花期和果实管理，对提高果品的商品性状和消费价值，增加经济收入具有重要的意义。

（一）人工授粉

对于无花粉品种（图4-1）如锦香、川中岛、大团蜜露等需要进行人工辅助授粉；如果已经配置授粉树，在花期遭遇不良天气的情况下，或者设施栽培条件下也应及时进行人工辅助授粉。

两性花（有花粉）

雌能花（无花粉）

图4-1 桃花

1. 花粉的制备

（1）花苞采集

可以购买商品花粉或者自制花粉。自制花粉需选择花期早、花粉量大、授粉亲和力强的品种。采集的花苞以开花前1～2天的大蕾期花苞为宜（图4-2）。

（2）花粉制作

使用人工或者机械分离花药和花瓣，过筛去除杂质后，将花药薄薄地铺在纸上（图4-3），置于室内阴干；室内环境要求干燥、通风、无尘，温度控制在20～25℃

图 4-2 采集大蕾期花苞

取花粉机械

未散粉的花药

散粉后的花药

图 4-3 制作花粉

24小时后将阴干开裂的花药用60目细筛除去杂质收集精花粉,分装到密封小瓶中,埋入硅胶中保存。

(3) 花粉保存

花粉一般在低温、干燥条件下保存最为有利(图4-4)。当天授不完的花粉在干燥的室温条件下可贮藏5天左右,在4℃的冰箱中可贮藏10天左右。花粉在-20℃的密封容器中可贮藏1~2年。

变色硅胶　　　　　　　　　　玻璃干燥器

图 4-4　花粉的保存

2. 授粉方法

人工点授：纯花粉与填充剂（如淀粉、滑石粉、石松子粉等）按 1 :（1～2）倍混合装入瓶中，用毛笔或带橡皮的铅笔蘸取花粉，点授到新开花的柱头上，每蘸一次花粉可授粉 3～4 朵花（图 4-5）。新开花的花瓣新鲜，柱头上有黏液，此时授粉容易受精，授粉效果较好。

图 4-5　人工授粉

机械喷粉：1份花粉加入50～200倍填充剂充分混合，可用喷粉器授粉，但花粉用量较高；根据品种开花特性可授粉2～3次，保证初花期、盛花期各授1次。

3. 授粉时间

人工授粉的最佳时间是在盛花期（50%以上开花）当日或是次日，选天气晴朗、无风或微风的上午9时至下午3时进行授粉，适宜气温为18～25℃。如果授粉后2小时内遇雨，需要重新授粉。授粉后剩余的花粉未经干燥处理及花粉发芽率低于20%时（图4-6），翌年不能单独使用。

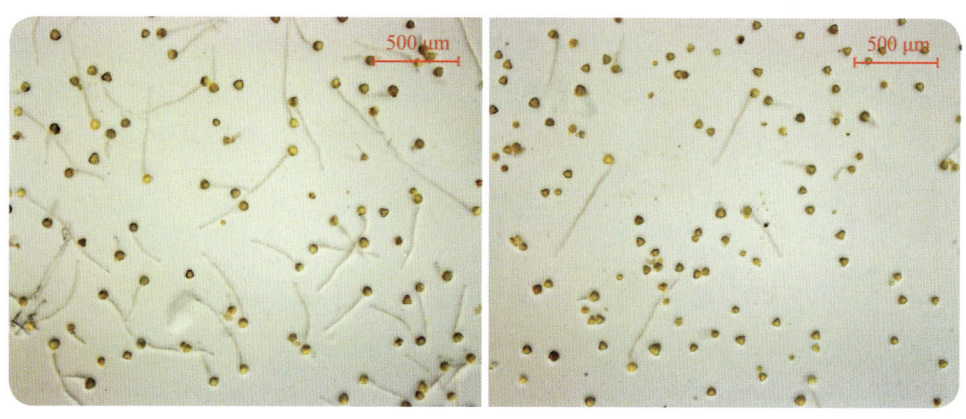

高萌发率花粉　　　　　　　　　低萌发率花粉

图4-6　显微镜下的花粉萌发情况

（二）疏花疏果

合理的疏花疏果可以有效地提高果实品质，增加果实的单果重及含糖量，并保证树体的连年丰产。因此，及时合理地疏花疏果是桃栽培中必不可少的重要措施。

1. 合理疏花

针对坐果率高、生理落果轻的品种可进行疏花。桃树疏花应以疏蕾为主，花蕾露红期开始至开花期结束（图4-7）。疏花量控制在总花量的1/3左右。左手拽起枝条梢部，右手扣起疏掉梢顶10厘米左右的花，然后右手放平疏掉上层的花，右手再次扣起疏掉基部10厘米的花。具体操作时应遵从"三多三少"原则：幼旺树多留少疏，老弱枝多疏少留；外围枝多留少疏，内膛枝多疏少留；壮枝多留少疏，弱枝多疏少留。如果花量大、劳动力不足可在疏蕾后继续疏花。

图4-7 疏花蕾（刘伟 拍摄）

2. 合理疏果

5月初进行第一次疏果，疏除病虫果、畸形果、并生果、无叶果、小果，留果量约为定果量的3倍为宜（图4-8）。

5月中下旬进行第二次疏果，也叫定果（图4-9）。疏果原则一般长果枝留3～5个（大中型果留3个，小型果留4～5个），中果枝留1～3个（大中型果留1～2个，小型果留2～3个），长果枝和中果枝的留果部位均在枝条中下部；短果枝留1个或不留（大中型果每2～3个短果枝留1个，小型果每1～2个短果枝留1个），留果部位在枝条顶端。

早熟品种留果量一般比中熟品种少10%～20%，晚熟品种比中熟品种多10%～

20%。容易裂核品种如锦香，为了减少裂核发生率，需要分多次疏果，稍微推迟定果时间，同时坐果量增加10%～20%，以抑制果实急剧膨大期的裂核比例。

图4-8　第一次疏果

图4-9　第二次疏果

3. 合理负载

合理负载是桃树连年优质稳产的保证。桃树的负载量一般通过控制修剪留枝量和疏果后的留果量来进行调控的。合理负载量可根据叶果比、树干截面积和树冠体积等参数确定。

（1）叶果比法

花和果实主要依靠根的吸收和叶片合成的营养物质进行生长，其间有一个相互依存的供求关系。中小型果树品种叶果比应为（30~40）:1，大型果品种为（40~50）:1。

（2）树干截面积法

树干粗细是果树枝叶与根系物质流量多少的标志，决定着合理负载的大小，每平方厘米树干截面积可留 3~4 个果。适宜留果量等于 $3 \times 0.08C^2 \times A$，C 是树干周长（以厘米计），A 是保险系数，即适宜留果量增加20%左右。

（3）树冠体积法

树冠大小与光合能力成正比，果实生长主要依靠叶片光合产物，故可依据树冠体积确定负载量，每立方米树冠留 20~30 个（或5~8千克）为宜。适宜留果量等于 $2 \times D \times H$（千克），D 为树冠投影直径，H 为树冠高度，D、H 单位均以米计。

此外，确定果树合理负载，还应根据各地区气候和果园实际情况，可在果树品种构成、树龄大小、树势强弱等历年观察的基础上综合考虑，使当年留果量既能保证新梢正常生长，又能保证翌年开出适量花。

（三）果实套袋

套袋可以有效地减轻病虫害及鸟害的发生，减少化学农药的施用量；提升果实的外观品质。但套袋也会增加果袋和用工成本，并在一定程度上降低果实含糖量。在上海地区早熟桃可以不套袋，中晚熟品种由于气候潮湿，病虫害多发，必须进行套袋栽培才能收到正常数量的商品果。

四、花果管理

1. 果袋的选择

果袋用纸需要安全卫生，厚实牢固，具有抗晒、抗虫、抗风及雨后易干等特点。根据果实着色特点、成熟期、果实大小及当地消费习惯选择合适的果袋。易着色水蜜桃宜用单层黄袋，难着色水蜜桃宜用单层白袋；早中熟黄桃宜选择单层黄色袋，晚熟黄桃宜选用双层遮光袋（图4-10）。

湖景蜜露

锦绣

图4-10　不同果袋对湖景蜜露和锦绣黄桃果实外观的影响

2. 套袋前的准备

套袋前1～2天全园喷一遍杀菌剂和杀虫剂，主要防治褐腐病、炭疽病、梨小食心虫、桃蛀螟及蚜虫等，喷药细致周到，待药液自然干燥后进行套袋，严谨药液未干进行套袋。喷药后4小时内遇雨或4天内没有完成套袋时应重喷一次。

3. 套袋时间和方法

套袋时间从5月中旬持续到6月上旬，以晴天为宜，禁止有水或露水时套袋。套袋前先将幼果上附着的花瓣等杂物清除，然后用手轻轻撑开果袋，保证袋底两角的通气孔也是处于打开状态，向上套入果实，果柄或母枝对准袋口中央缝，将桃果连同一段母枝套入袋内，从中间向两侧依次按"折扇"方式折叠袋口，然后用铁丝扎紧袋口。不可将叶片套入，要使桃果空悬袋中，以免造成灼伤（图4-11）。套袋顺序先早熟后晚熟，坐果率高的先套，坐果率低的品种可晚套，以减少空袋率。具体套袋操作的顺序是先上后下，先里后外。大果型品种亩套袋6 000～8 000个，小果型亩套袋8 000～10 000个。

图4-11　套袋

4. 套袋后管理

套袋后仍需要做好病虫害防控。为了减少套袋对果实可溶性固形物含量的负面影响,需及时疏除背上枝、徒长枝,以增加光照强度。上海地区果实套袋后一般不需要拆袋,成熟时连袋一起采收可以减少果实摩擦。

上海市果树全产业链生产技术：桃

上 海 市 果 树 全 产 业 链 生 产 技 术

桃

五

土肥水管理

土肥水管理贯穿于桃树整个生长发育过程,是桃全产业链生产中非常重要的一环。只有通过科学合理的土肥水管理,不断地进行土壤改良和精细的肥水管理,才能多方面的改善土壤环境,促进根系生长,提高根系对水分养分的吸收,培养出健壮的树势,增强桃树的适应性和抗逆性,为安全优质桃果品的生产奠定基础。

(一)土壤管理

1. 清耕法

清耕法可以避免杂草与桃树竞争水分和养分,比较容易调节树体营养,是一种传统的土壤管理方法(图5-1)。但清耕桃园园内大型农机的行走容易造成土壤板结,遇到大雨或暴雨时,坡度大的地面土壤容易随着雨水被冲走,导致桃园水土流失严重。因此,清耕法适用于地势平缓、土壤肥沃度较高的桃园及幼树园的土壤管理。

图5-1　清耕法

2. 覆盖法

树盘可以覆盖黑色园艺地布、黑色地膜、稻草或稻壳（图5-2）。地表覆盖可以抑制土壤水分蒸发，是根域范围较浅的幼树期树和雨量较少、土壤容易干燥地区的一种土壤管理方法。覆盖法虽然有补充土壤有机质、抑制杂草生长的作用，但是也

覆盖园艺地布

覆盖黑色地膜

覆盖稻草

覆盖稻壳

图5-2 地面覆盖管理方法

容易造成根群变浅和长期干燥使桃园发生旱灾等负面影响。覆盖园艺地布后要防止杂草种子散落后生根，需要定期清除桃园杂草，尤其是一枝黄花等恶性杂草。如果畦面覆盖稻壳等有机物，厚度要超过20厘米。

3. 生草法

生草栽培法具有补充土壤有机营养、防止肥料养分流失、改善土壤物理性状、提高作业效率等诸多优点。但也有与树竞争土壤水分和养分，容易导致树体生长发育缓慢的缺点，因此，生草栽培以在根域范围小、养分吸收少的幼树期开始为宜。结果期桃园多采用树冠下或种植行覆盖或清耕，行间采取生草栽培的部分生草法（图5-3）。中途改为生草栽培的桃园，最初几年要增加由于生草而被消耗的肥料量。

黄花苜蓿

光叶苕子

白三叶

黑麦草

人工种草与行内覆盖相结合

自然生草与行内覆盖相结合

图5-3　人工种草与自然生草

在生草栽培法中，可利用自然生长势强的杂草草种，也可以人工种草。人工种草可选择黄花苜蓿（俗称草头）、光叶苕子、白三叶、黑麦草等，播种时间以9月中下旬至10月上旬为宜，最晚不迟于10月底。可与桃园秋施基肥相结合，土壤翻耕后及早播种。根据天气预报，抢雨前播种。黄花苜蓿、白三叶亩播精种1.5～2千克，光叶苕子亩播精种2～4千克。播种后如遇天气干旱或者出苗不良需要进行浇水。干燥季节，为了防止土壤水分的浪费，需要维持一定的草高，减少地面的蒸发作用。

（二）施肥管理

1. 桃树需肥规律

施肥宜深不宜浅：桃树的根系发达，侧根和须根较多，吸收力强，但根系分布浅，多集中在地表下20～40厘米的土层。为防止根系上浮，影响树的固地性和抗旱能力，在桃树施肥中应注意适当深施，或深施与浅施相结合。

对氮肥特别敏感：幼树期施氮过量，易引起新梢徒长，花芽质量差，落果多，果实风味差。而对于盛果树、老龄树施氮不足，则会加快树体早衰，盛果期缩短。

需钾量大：桃树对钾的需要量大，特别是果实发育期钾的需要量比氮和磷分别高1～3倍，钾对增大果实和提高品质有显著作用。

喜微酸性至中性土壤：桃最适应的土壤pH为5.5～6.0，pH过高过低都会影响土壤微生物的活动，有机物质的分解和矿物质元素的利用，导致发生结果不良，因此施肥时必须注意土壤酸碱度的调节。

2. 施肥原则

上海地区桃园土壤有机质含量偏低，土壤酸化和养分"表聚"效应明显，严重影响了桃果品的优质高效生产。因此，肥料施用原则应以测土配方施肥为依据，坚持多施基肥、深施基肥、减少化肥用量、平衡施肥的施肥原则。

3. 肥料的种类

肥料是指能供给作物生长发育所需养分、改善土壤性状、提高作物产量和品质的物质，它主要包括有机肥和无机肥，有机肥指的是动物粪便或植物残体经过发酵而成的肥料，俗称农家肥，常见的有机肥有人畜粪便、饼肥、绿肥等。无机肥是指用化学合成的方法生产的肥料，常见的化肥有氮肥、磷肥、钾肥、复合肥等。不同肥料的肥效期及特点见表5-1。

表5-1 常见肥料的肥效期及特点

名称	见效时长	肥效期	特点及注意
有机肥	30天	6～8个月	改善土壤结构，提高土壤微生物和酶的活性
饼肥	30天	2～8个月	提高土壤有机质，促进养分吸收
尿素	4～5天	45天	速效性氮肥，注意使用浓度，避免烧根
复合肥	10天	90天	有效成分高、养分种类多、肥效期稳而长
水溶肥	5～7天	10～15天	见效快，但要避免雨天使用，以免肥料被水稀释
叶面肥	5～7天	15～20天	吸收快、用量省、效率高，要避免高温时间使用
缓释肥	7～10天	6～8个月	肥效久，注意保持土壤湿度有利于肥效的发挥

注：土壤的酸碱度、肥沃程度、土壤温度、土壤水分和湿度及肥料使用量都影响肥料见效时间，应根据具体情况施用。

4. 秋施基肥

（1）施用量

桃树有机肥的施用量主要依据当年产量确定，施肥量以"斤果斤肥"的标准掌握。结果树亩施商品有机肥量2吨，或亩施生物有机菌肥1吨，或亩施生物有机菌肥0.5吨加商品有机肥0.5吨；同时配合施入复合肥20～30千克/亩。

（2）施用时间

基肥施肥时期以9月下旬至10月上中旬效果最好，此时是根系生长高峰，施基肥有利于肥料的吸收利用。

（3）施用方法

撒施：全园或树盘撒施后机械翻耕，施肥层浅，操作简单，但肥效利用率偏低。

沟施：在桃园行向开施肥沟，沟宽30～40厘米、深为30～40厘米（图5-4），沟的位置在桃树滴水线处，与主干的距离随着树龄的增加而增加。成年树施肥区域为距离主干1.2～1.5米。每年在树的一侧开沟，第二年在另一侧开沟，如此周年轮换。

撒施有机肥

沟施有机肥

图5-4　有机肥的施用方法

5. 追肥施用方法

（1）幼树追肥

生长季节追肥按照"薄肥勤施，前促后控"的原则。新栽幼树4—6月每月施尿素2次，每次25～50克/株；7—9月每月施复合肥2次，每次100克/株。2～3年生幼树4—6月每月追施1次尿素，每次50～75克/株；7—9月每月追施2次复合肥，每次100～150克/株。还可选用0.3%磷酸二氢钾、氨基酸等叶面肥进行叶面喷施4～5次，以促进幼树生长。

（2）结果树追肥

① 萌芽肥

2月底至3月上旬施用，主要针对树势较弱、产量较高的树进行，用于补充上年树体贮藏营养的不足，促进根系和新梢生长，提高坐果率。肥料种类以氮肥为主，每株施尿素0.2千克。

② 花后肥

谢花后1～2周施用，可补充花期的营养消耗，促进新梢生长，减轻生理落果，有利于极早熟品种的果实膨大，以氮肥为主配合微量元素施用，株施尿素0.2千克加少量磷钾肥和微量元素。树势旺的可不施。注意施肥量，避免造成新梢旺长。

③ 硬核肥（壮果肥）

5月中下旬施用，可促进果核和种胚发育、促进早熟品种的果实膨大，为花芽分化做准备。以钾肥为主，配以氮磷肥，株施复合肥1～1.5千克。晚熟品种硬核期较长，最好分两次进行追肥，间隔时间在一个月左右。

④ 采果肥

果实成熟前20～30天施用，能够促进果实膨大，提高果实品质和恢复树势。以钾肥为主，株施硫酸钾0.5千克，可结合施用0.3%磷酸二氢钾、氨基酸等叶面肥进行叶面喷施以促进叶片光合能力。

⑤ 采后肥

果实采收后立即施用，晚熟品种可结合基肥共同施用。采后肥有利于恢复树势，使枝芽充实、饱满，增加树体内贮藏营养，为翌年的丰产打下良好的物质基础。以磷钾肥为主，配合少量氮肥，株施复合肥0.5千克。幼树、结果少的旺树可少施或不施，以稳定生长、少发秋梢，保证安全越冬。

（3）追肥方法

撒施：结合灌水或者下雨将肥料撒施在树盘周围，操作简单但肥料利用率低。
滴灌水肥一体化：利用水肥一体化设备进行追肥具有见效快，肥料利用率高的特点。
叶面喷施：根外追肥具有见效快、针对性强、用量少等优点，可与农药混喷。

（三）水分管理

1. 桃树需水规律

桃树对水分较为敏感，表现为耐旱怕涝，但自萌芽到果实成熟要有充分的水分供应，才能满足正常生长发育的需求。桃树在整个生长期，土壤含水量在60%~80%的范围内较适宜，当土壤含水量降到10%~15%时，枝叶出现萎蔫现象。桃树一年内不同时期对水分的要求不同，需水的两个关键时期在花前和果实膨大期。花前水分不足，则萌芽不正常，开花不齐，坐果率低；果实膨大期土壤干旱，会影响果实细胞体积的增大，减少果实重量和体积。这两个时期应尽量满足桃树对水分的需求。若桃树生长期水分过多，土壤含水量过大或积水，则因土壤中氧气不足，根系呼吸受阻而生长不良，严重时出现死树。因此，应根据不同品种、树龄、土壤质地、气候特点等来确定桃园灌溉、排水的时期和灌水量。

2. 灌溉时期

（1）萌芽期和开花前（3月中下旬）

这次灌水是补充长时间的冬季干旱，为桃树萌芽、开花、展叶及提高坐果率和早春新梢生长做准备。此次灌水量要大，可以结合花前施肥进行。此期在南方正值雨水较多的季节，要根据当年降水情况安排灌水，以防水分过多。

（2）硬核期（5—6月）

此期新梢快速生长，果实生长缓慢，果核木质化进程加快，对水分反应敏感，水分不足桃果易萎缩，水分过多易导致裂核和新梢旺长造成落果。该时期要密切注意土壤墒情，不要让土壤水分有急剧的变化，如遇干旱应掌握薄水勤浇的原则，不可大水漫灌。如果遇到了梅雨季节水涝过度，还需要及时的排水。

（3）果实膨大期（7—8月）

此期果实进入需水高峰期，此时水分的供应充足与否对产量和品质影响很大。此期如果缺水，果实不能膨大，果个小，产量低；但也不宜过多、过勤灌水，以防果实风味变淡。要少量、多次均衡灌水，防止大水漫灌和忽旱忽涝引起采前落果、裂果和品质下降。采前10天减少或停止灌水，以提高果实糖度和促进果实着色。

（4）果实采收后（9—10月）

结合采后追肥和施基肥进行灌水，可延缓桃叶脱落，有利于树势恢复和贮藏养分的积累，为下一年的丰产打下基础。

3. 灌溉方式

桃园常用的灌溉方式有三种，分别是地面灌溉、微喷和滴灌（图5-5）。

地面灌溉的方法一般只适用于水源充足的地区，因为在灌溉的过程中用水量大，水分损耗多，但灌水后土壤保湿的时间长，浇水次数较少。

微喷是目前桃树种植中最常采用的一种供水方式，优点是喷洒均匀，能更好地调节桃园中的湿度和温度，但不适用于多风的地带。

地面灌溉

微喷

滴灌

图5-5　灌溉方法

滴灌一般适用于缺水的地区,能够节省水资源,也能保证桃树的生长。滴灌管路最好沿行向悬挂在距离地面50厘米左右的固定位置,避免铺设在地面时被除草、中耕、施肥等机械损坏。

4. 排水

桃树极不耐涝,淹水24小时左右即会死亡,过多的雨水很易造成桃园积水,引起桃树落叶,生长不良,甚至死亡。应经常注意清理沟系,确保排水通畅,达到雨停沟内无积水的状况。排水较慢或者地势低洼难以排出积水的地块,在疏通沟渠的基础上,应动用抽水机械加大力度向河道沟渠强排(图5-6)。

清沟排水　　　　　　　　　　　　水泵排水

图5-6　桃园排水

上海市果树全产业链生产技术

桃

六

有害生物及逆境防控

有害生物及逆境往往给桃果品生产造成巨大的经济损失，因此有效的、环境友好的防控措施及减灾措施是生产安全、质量安全以及生态安全的重要保障。

（一）主要有害生物及绿色防控

1. 防治原则

根据病害发生规律强化监测预警，采取"预防为主，综合防治"措施，在积极采用农业防治、物理防治、生物防治基础上，结合高效低毒低残留的化学药剂防治，防止病虫害产生化学农药抗药性，降低果品农药残留，减少环境污染。

2. 防治方法

（1）农业防治

农业防治也称栽培防治，通过利用科学的栽培管理技术措施，使果树生长健壮，以增强果树对病虫害的抵抗力；同时，创造不利于病原物、害虫生长发育或传播的环境条件，直接或间接地消灭或抑制病、虫的危害，减少农药污染，达到增加产量和效益的目的（图6-1、6-2）。

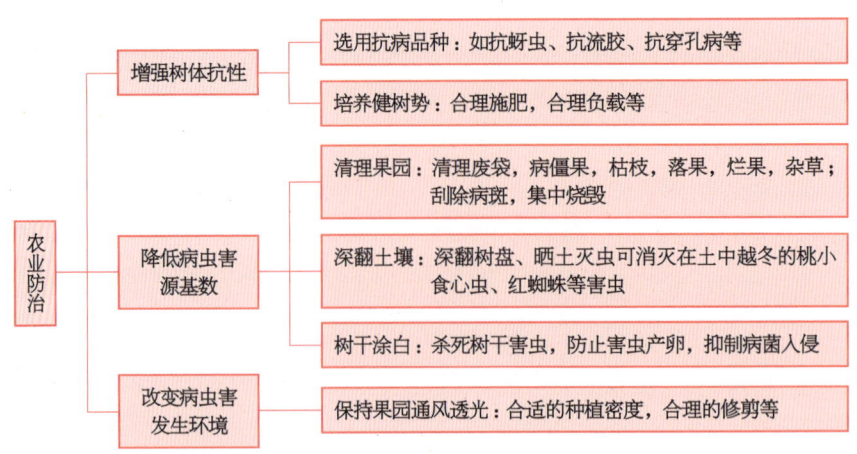

图6-1　农业防治分类和方法

六、有害生物及逆境防控

清园和涂白

冬季土壤深翻

桃园通风透光

图6-2　农业防治

（2）物理防治

物理防治是利用病虫对光、热、射线、颜色、高频电流、超声波和机械等物理因素的特殊反应诱杀或趋避病虫害的措施（图6-3、6-4）。物理防治具有简便易行、绿色安全并可杀死隐蔽害虫等优点，但有些措施会杀伤害虫的天敌。

- 物理防治
  - 捕杀法
    - 钩子、螺丝刀等－捕杀天牛幼虫
  - 阻隔法
    - 果实套袋－防治灰霉病、褐腐病、梨小食心虫等
    - 蜗牛裙－防治蜗牛
  - 诱集法
    - 扎草堆、诱虫带－防治红蜘蛛、康氏粉蚧、棉蚜、梨网蝽等
    - 黏虫板－防治蚜虫、白粉虱、斑潜蝇等
    - 糖醋液－防治金龟子
    - 性诱剂－防治梨小食心虫、桃小食心虫等
  - 光波法
    - 频振式杀虫灯－防治桃潜叶蛾、梨小食心虫、桃小食心虫、铜绿丽金龟等

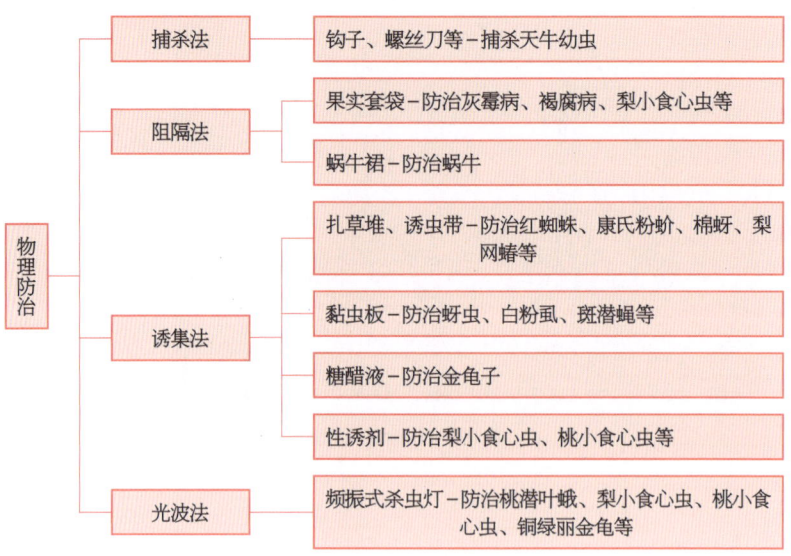

图6-3 物理防治分类和方法

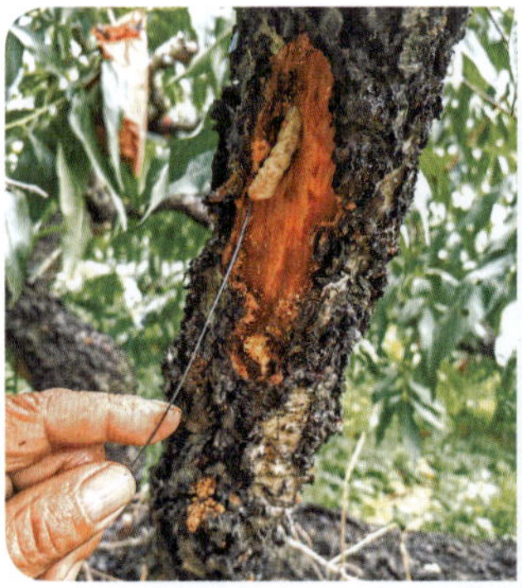

钩子刺死天牛

套袋

蜗牛裙

黏虫板

糖醋液

性诱剂

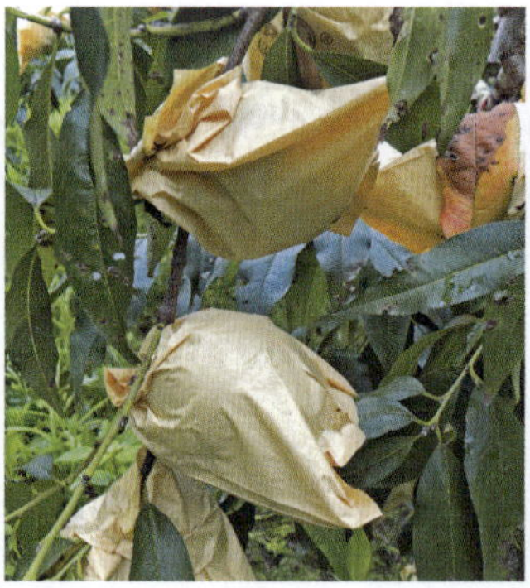

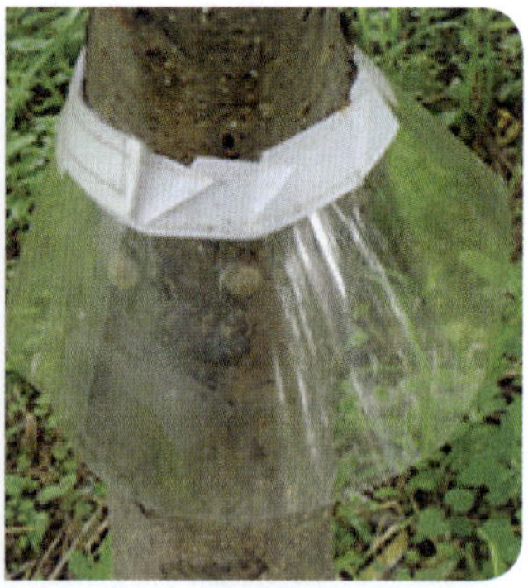

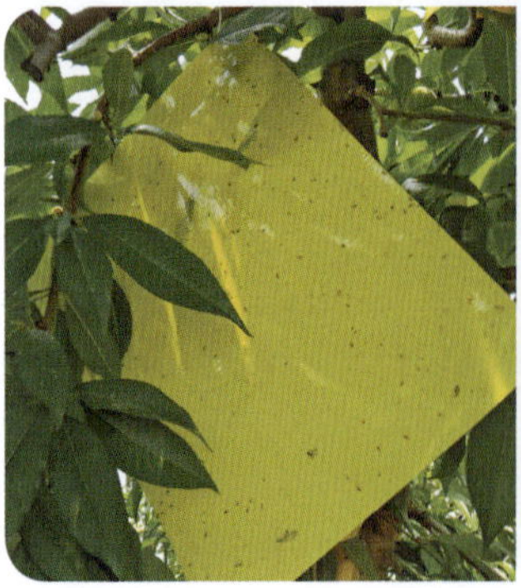

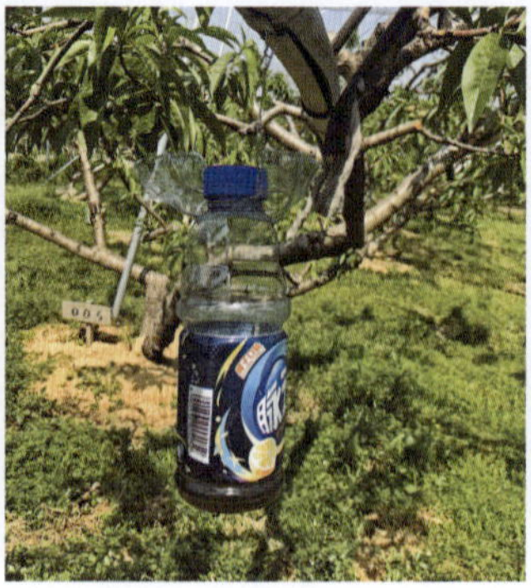

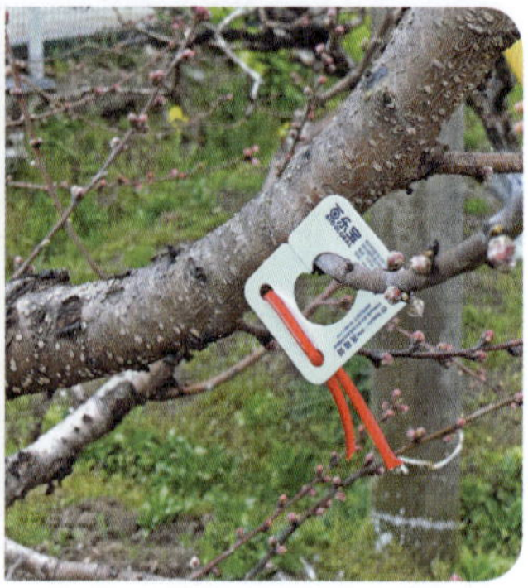

图6-4 物理防治

（3）生物防治

生物防治是利用生物有机体及其代谢产物防治植物病原体和害虫的方法（图6-5、6-6）。具有资源丰富、持效期长和不污染环境的优点，但是作用缓慢，难以对付爆发性、毁灭性的虫害，且受环境因素影响较大。

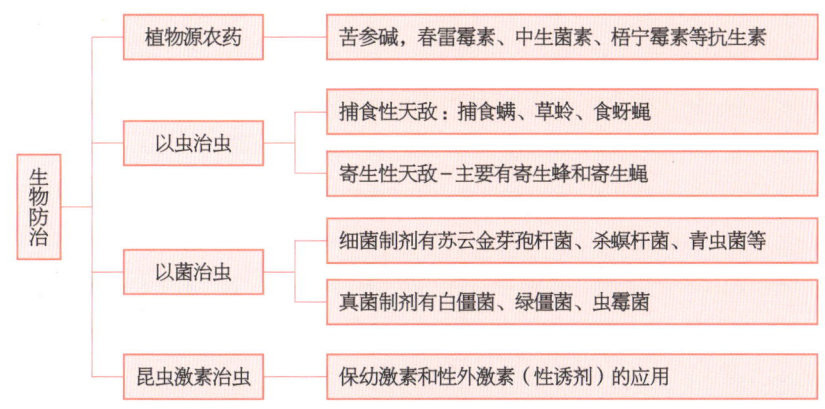

图6-5 生物防治分类和方法

异色瓢虫的幼虫、蛹、成虫（李姝 拍摄）

七星瓢虫（李姝 拍摄）

大草蛉捕食豌豆修尾蚜（李姝 拍摄）

图6-6 常见天敌昆虫

（4）化学防治

化学防治又称农药防治，是利用化学药剂的毒性来防治病虫害，具有速效、高效，使用方便，受地区性、季节性、时间性限制小等优点，可大面积使用，便于机械化操作。但是长期广泛使用农药易导致病虫害后代产生抗药性；广谱性杀虫剂在杀死害虫的同时也会杀死天敌，造成主要害虫的再猖獗或者次要害虫上升为主要害虫；还会引起土壤环境污染，破坏生态平衡等问题。

3. 主要病害及防治方法

（1）桃细菌性穿孔病

① 为害症状

桃树细菌性穿孔病是桃树常见的一种病害，主要为害桃树的叶片，也可侵害枝条和果实。

叶片受害：整个生长期均可发生，发病初期先在叶背产生多角形或不规则形水浸状的小斑点，斑点扩大后变为紫褐色至黑褐色，周围有水浸状的黄绿色晕圈（图6-7）。后期病斑干枯，病健交界处产生一圈裂纹，病斑中央组织脱落后形成穿孔。天气潮湿时，病斑处溢出黄白色胶黏的菌脓。

叶片受害症状

春季溃疡（纪兆林 拍摄）

夏季溃疡（纪兆林 拍摄）

果受害症状（纪兆林 拍摄）

图6-7 桃细菌性穿孔病

枝梢受害：形成春季溃疡和夏季溃疡两种病斑。春季溃疡发生在一年生枝条上，春季开始发病，初为暗褐色小疱疹，后期表皮破裂，形成溃疡病斑有时有细菌溢出，严重时病斑环绕枝条形成枯梢。夏季溃疡发生在当年生枝上，初以皮孔为中心形成紫红色病斑，有时病斑具流胶现象，后期病斑干缩凹陷，呈暗褐色，严重时表面开裂。

果实受害：幼果期至成熟期均可发生。幼果发病，表现为直径1～2毫米的淡褐色稍凹陷病斑。近成熟果发病，形成直径1毫米左右淡褐色至褐色四陷病斑，严重时病斑连片。随果实生长，连片病斑表面发生龟裂，甚至伤口处产生流胶，严重影响果品质量。

② 发生规律

桃细菌性穿孔病病菌主要在枝条的溃疡斑内越冬。翌年春天，气温升高后，越冬的细菌开始活动，引致枝梢发病，形成春季溃疡。此后病菌借助风雨和昆虫传播，从叶片的气孔和枝梢、果实上的皮孔侵入，进行初侵染。桃细菌性穿孔病的发生程度与温度、湿度密切相关，降雨是此病害发生的重要条件，病害一般在4月至5月初开始发生，在高温多雨的6—8月发病率最高、发病程度最重，到秋季10月份以后天气变凉、雨水变少后，病情便会逐步地减少和停止。桃园管理粗放、郁闭、排水不良、土壤瘠薄板结、通风透光差、缺肥或偏施氮肥等，都会加重病害的发生。

③ 防治方法

农业防治：合理施肥增强树势提高树体抗病性；雨季及时排水，生长季科学修剪，保持桃园通风透光，降低环境湿度，创造不利于病害发生的环境条件；做好清园工作，清理果袋、病果、枯枝、落叶杂草等减少病原菌数量，清除其越冬场所。

物理防治：果实套袋在一定程度上能有效地阻隔病害传播。

化学防治：在桃树发芽前一个星期，喷洒4～5波美度石硫合剂杀灭越冬病菌。落花后喷施40%噻唑锌悬浮剂600～1 000倍液，或40%戊唑·噻唑锌悬浮剂800～1 200倍液，或20%噻菌铜悬浮剂300～700倍液，或45%春雷·喹啉铜悬浮剂2 000～3 000倍液，对细菌性穿孔病均有较好的防治效果。

（2）桃缩叶病

① 为害症状

桃缩叶病主要为害桃树幼嫩部分，以侵害叶片为主，严重时可为害嫩梢和幼果。

叶片染病：春季嫩叶从芽鳞抽出时即被害，最初叶缘向后卷曲，颜色变红，并

图6-8 桃树缩叶病

呈现波纹症状；后随叶片生长，卷曲、皱缩程度加剧，病部增大，叶片变厚、变脆，呈红褐色（图6-8）。严重时全株叶片变形，嫩梢枯死。春末夏初，病叶表面产生灰白色粉状物，即病菌子囊层，后病叶变褐，干枯脱落。

新梢染病：呈灰绿色或黄色，比正常的枝条短而粗，感病枝条上病叶丛生，受害严重时枝条会枯死。

幼果染病：初生隆起黄色至红褐色斑块，后期病果畸形，果面龟裂，有疮疤，不久脱落。

② 发生规律

桃树缩叶病是一种真菌性病害，病菌以子囊孢子和厚壁芽孢子在芽鳞片上、芽鳞缝隙或枝干病皮中越冬或越夏。叶片展开以前多从叶背侵入，展开后可从叶面侵入。病菌侵入后能刺激叶片中细胞大量分裂，同时细胞壁加厚，造成病叶膨大或皱缩。该病4—5月发病，6月天气转暖后，逐渐停止。初夏，叶面形成子囊层，产生子囊孢子和芽孢子。由于夏季高温，不适合孢子萌发，因此1年只侵染1次。该病的发生流行与气候条件有关。低温多湿有利于发病，尤其是早春桃树萌芽展叶期，如连续降雨，气温10～16℃时发病较重；气温21℃以上或较干燥时，发病轻。中、晚熟品种较早熟品种发病轻。

③ 防治方法

农业防治：在病叶表面还未形成白色粉状物之前，及时摘除，集中烧毁，可减少当年的越冬病源菌。

化学防治：春季桃花芽开始膨大露红时，是防治缩叶病的关键时期，喷洒5波美度石硫合剂或45%晶体石硫合剂30倍液。从谢花期开始，可与褐腐病、褐斑穿孔病等真菌性病害兼治，能有效防止病害扩散。

（3）桃褐锈病

① 为害症状

桃褐锈病主要为害叶片，尤其是老叶及成长叶（图6-9）。叶面染病后产生红黄

图6-9 褐锈病正面和背面

色圆形或近圆形病斑,边缘不清晰;背面染病产生稍隆起的褐色圆形小疱疹状斑,即病菌夏孢子堆;发病后期,在夏孢子堆的中间形成黑褐色冬孢子堆。深秋季节发生的锈病通常伴随桃树叶片的正常脱落,此时褐锈病的发生不会造成大的危害,但病菌以冬孢子在落叶中越冬,不利于来年的防治。

② 发生规律

桃褐锈病为真菌病害,该病菌主要以冬孢子在落叶中越冬,翌年萌发产生担孢子,侵染中间寄主植物,在中间寄主上产生孢子后通过气流传播到桃树叶片上侵染为害。桃褐锈病在温暖地区还能以夏孢子在叶片上越冬,翌年直接传播到桃叶上侵染为害。叶片发病后产生的夏孢子可以进行再侵染为害。多雨潮湿有利于此病害发生,一般6—7月开始侵染,8—9月进入发病盛期并导致大量落叶。

③ 防治方法

农业防治参考桃细菌性穿孔病。

化学防治:开花前、落花后为重要的预防时期,此时防治可有效降低病原基数。在桃树萌芽前喷布一次5波美度石硫合剂。落花后可与褐腐病或褐斑穿孔病进行兼治。

(4)桃潜隐花叶病

① 为害症状

桃树潜隐花叶病主要为害叶片,有时也侵染果实。叶片发病多从新梢叶片开始,叶片上出现许多不规则形褪绿斑块或斑驳,呈黄绿色甚至黄白色(图6-10),边缘不明显,大小不统一。花叶病表现轻时,高温季节症状可以消失(高温隐症),但表现严重时症状不能消失,果实发病,多表现着色不均,呈花脸状;有时果面凹凸不平,

呈畸形状。病树树势衰弱，对产量有一定影响。

② **发生规律**

桃树潜隐花叶病可由多种病毒引起，且症状表现因病毒种类不同而有差异。病毒一旦侵入树体，则树体终生带毒。桃树潜隐花叶病主要通过嫁接传播，无论接穗带毒还是砧木带毒，嫁接植株均可发病，其中接穗带毒是病害传播蔓延的主要途径。另外，有的病毒还可通过修剪工具传播。病毒侵入树体后，目前尚没有办法治愈。

图6-10 桃树潜隐花叶病

③ **防治方法**

在局部地区发现病株及时挖除销毁，防止扩散。采用无毒材料（砧木和接穗）进行苗木繁育。若发现有病株，不得外流接穗。修剪工具要消毒，避免传染。局部地块对病株要加强管理，增施有机肥，提高抗病能力。

（5）桃树褐腐病

① **为害症状**

褐腐病主要为害果实，造成果实呈褐色腐烂，有时也可为害花、叶片及枝梢（图6-11）。发病后的典型症状是在腐烂组织表面产生有灰色霉丛或霉层。

果实染病：从幼果期到成熟期果实均能发病，以接近成熟期和贮藏期的果实受害最重，可造成大量烂果、落果。果实受害初期在果面产生褐色圆形病斑，病斑部果肉腐烂，继而在病斑上出现黄白色或灰褐色轮状霉层，边界处有明显的同心环纹，最后扩展到全果，病果腐烂后易脱落，但不少病果失水后变成僵果，悬挂枝上经久不落。

新梢染病：侵害花与叶片的病菌菌丝，可通过花梗与叶柄逐步蔓延到果梗和新梢上，形成溃疡斑。病斑长圆形，中央稍凹陷，灰褐色，边缘紫褐色，常发生流胶。当溃疡斑扩展环割一周时，上部枝条即枯死。气候潮湿时，溃疡斑上出现灰色霉丛。

六、有害生物及逆境防控

桃树褐腐病（果实发病）

褐腐病枝条发病

图6-11 褐腐病发病症状

花染病：花部受害自雄蕊及花瓣尖端开始，先发生褐色水渍状斑点，后逐渐延至全花，随即变褐而枯萎。天气潮湿时，病花迅速腐烂，表面丛生灰霉，若天气干燥时则萎垂干枯，残留枝上，长久不脱落。

叶染病：嫩叶受害时，自叶缘开始，病部变褐萎垂，最后病叶残留枝上。

② **发生规律**

桃褐腐病为真菌病害，病菌主要以菌丝体或菌核在僵果或枝梢的溃疡部越冬。翌年越冬病菌在条件适宜时产生大量分生孢子，借助风、雨水飞溅或昆虫传播，从气孔、皮孔、虫害伤口及机械伤口侵入，也可由柱头、蜜腺侵入花器。4月下旬至5月，病菌先侵染花和叶片，5月中旬以后侵染枝梢和果实，并反复侵染危害。该病菌侵染幼果后有潜伏现象，到果实成熟期恢复活动，遇阴雨天气即可发生严重危害，造成大量烂果。开花期如遇低温、多雨、高湿，容易引起花腐；果实近成熟期高湿、多雨、易引起果腐。蛀果害虫为害严重的桃园，褐腐病发生较重。管理粗放、树势衰弱、地势低洼、枝叶郁闭、通风透光不良的桃园有利于褐腐病的发生。果实储运过程中如遇高温、高湿，有利于病害的发生发展，常造成大量烂果。

③ **防治方法**

农业防治参考桃细菌性穿孔病。

化学防治：萌芽前喷布5度波美石硫合剂或晶体石硫合剂；谢花后、发病初期、梅雨季间隙、套袋前及果实采收前30~40天是防治关键期，可选用24%腈苯唑悬浮剂2 500~3 200倍液，或38%唑醚·啶酰菌水分散粒剂1 00~2 000倍，或10%小檗碱盐酸盐可湿性粉剂800～1 000倍液，或43%唑醚·氟酰胺悬浮剂2 000～3 000倍液，或43%氟菌·肟菌酯悬浮剂1 500～3 000倍液，或40%腈菌唑悬浮剂4 000～5 000倍液，或50%异菌脲可湿性粉剂1 000～1 500倍液均匀喷雾。严重时可每15天喷药1次，注意轮换用药和安全间隔期。

（6）桃疮痂病

① 为害症状

又叫黑星病，主要危害果实，也侵害新梢和叶片。

果实染病：果实受害多在果肩处发病，病斑初为绿色水渍状，扩大后变为黑绿色，近圆形。果实成熟时，病斑变为紫色或暗褐色；病斑只限于果皮，不深入果肉，后期病斑木栓化，并龟裂（图6-12）。此种裂果较桃细菌性穿孔病造成的裂果浅，一般不引起烂果。

幼果期发病症状　　　　　　　　　　果实成熟期发病症状

图6-12　桃疮痂病

新梢染病：病斑初期为长圆形浅褐色，后呈暗褐色，病部微隆起，常发生流胶。病菌亦只在表层组织为害，病健分界明显。秋季枝梢病斑变灰褐色至褐色，周围暗褐色至紫褐色。

叶片染病：初期产生多角形或不规则形灰绿色病斑，后发展为暗色或紫红色，最后病部干枯脱落而形成穿孔。

② 发生规律

桃疮痂病为真菌病害，主要以菌丝体在枝梢病斑上越冬，翌年4—5月份产生分生孢子。分生孢子通过风雨传播后萌发形成芽管，直接穿透寄主表皮层的角质层侵入，在叶片上则通常自叶背侵染。侵入后的菌丝并不深入寄主组织和细胞内部，仅在寄主角质层与表皮细胞的间隙扩展、定植并形成束状或垫状菌丝体，然后从其上长出分生孢子梗并突破寄主角质层裸露在外。该病潜育期较长，果实上约为20~70天，新梢及叶片上为25~45天。所以该病多在中熟及晚熟品种上发生较重，早熟品种很少发生，且再侵染为害较轻。多雨潮湿年份病害发生较重；桃园低湿、树冠郁闭、通风透光不良等环境条件，均可加重该病的发生。

③ **防治方法**

根据桃疮痂病"病枝越冬，初侵染早，潜育期长，发病较晚"的发生规律及为害特点，应采用综合防治的策略。

农业防治参考桃细菌性穿孔病。

化学防治：萌芽前喷布5度波美石硫合剂或晶体石硫合剂；发病初期可选用30%苯甲·吡唑酯悬浮剂2 000~3 000倍喷雾2次，间隔7~10天。

（7）桃煤污病

① **为害症状**

桃煤污病主要危害果实和叶片，以果实受害经济损失最大。果实受害，多发生在果实生长中后期，在果面上产生霉污状病斑，呈条形、近圆形或不规则形（图6-13），霉斑附生在果实表面，不深入果实内部，对产量没有影响，但显著降低果实的

图6-13 桃煤污病

外观品质。叶片受害,多在叶正面形成一层黑褐色煤状污斑,影响叶片的光合作用,进而影响果实产量,并导致树势衰弱。

② 发生规律

桃煤污病由多种真菌引起,属"附生"类型,其在桃园内广泛存在,菌丝和分生孢子在病叶上或在土壤内及植物残体上越过休眠期,翌年春产生分生孢子,多借助雨水或气流传播扩散,以果实表面的营养物或叶片表面的有机物为基质进行生长。果实受害多发生在近成熟期,阴雨潮湿、果面不易干燥是造成果实受害的主要条件。叶片受害多发生在蚧壳虫、蚜虫、叶蝉等为害较重的桃园内。蚧壳虫、蚜虫及叶蝉的分泌物散落在叶片及果实表面,正好为病菌提供了丰富的生存基质。此外,地势低洼、枝叶郁闭、通风透光不良等均可加重霉污病的发生和为害。

③ 防治方法

农业防治参考桃细菌性穿孔病。

物理防治:适时进行果实套袋,中晚熟品种选择遮光袋能在一定程度上降低霉污病的发病率。

化学防治:往年霉污病发生较多的桃园,在果实近成熟期如遇阴雨潮湿的气候条件时,结合真菌病害防治及时喷药保护果实,每10天左右喷施一次,连喷2~3次。

(8) 桃侵染性流胶病

① 为害症状

桃树侵染性流胶病主要为害枝干(图6-14),也可侵染果实。

枝干染病:发病初期病部肿胀并流出半透明黄色树胶,流出的树胶与空气接触后,逐渐变褐,成为晶莹柔软的冻胶块,干燥后变成褐色硬质胶块。流胶处树皮肿胀粗糙,龟裂,伤口不易愈合,皮层及木质部逐渐变褐腐朽,同时易被腐生菌感染。随着病情的发展,流胶点不断增多、增大,当病斑包围主干主枝时,致使树势衰弱、叶片变黄、枝

图6-14 桃侵染性流胶病

梢枯萎，甚至枝干或全株枯死。

果实染病：为褐色腐烂状，逐渐密生粒点状物，湿度大时从粒点孔口溢出白色块状物，发生流胶现象，严重影响桃果品质和产量。

② 发生规律

桃侵染性流胶病为真菌病害，以菌丝体和分生孢子器在被害枝干部越冬，翌年3月下旬至4月中旬产生分生孢子，通过风、雨传播，从皮孔、伤口侵入。1年有2个发病高峰，分别在5月下旬至6月上旬和8月上旬至9月上旬，6—7月扩展缓慢。第2次发病速度明显大于第1次，常造成早期落叶。黏壤土、瘠瘦土壤和土壤酸碱度不合适，综合管理水平低或者病虫害严重的桃园发病重。

③ 防治方法

农业防治：选择抗流胶品种、避免桃园连作、提高桃园栽培管理水平增强树势；做好土壤排水、增施有机肥及采用生草栽培等，改善土壤通透性与酸碱度；减少枝干伤口，生长期轻剪，冬季修剪后伤口涂抹愈合剂，修剪后全园喷洒杀菌剂；刮除病部流胶硬块及腐烂组织，冬季进行主干刷白，降低菌源基数并减轻流胶病发生。

化学防治：桃树萌芽前，喷施3～5波美度石硫合剂，可以杀死越冬后的病菌。生长季刮除病斑后，可选择50亿CFU/克多黏类芽孢杆菌可湿性粉剂1 000～1 500倍液喷洒防治，或用20%～25%石灰乳涂刷树干和枝条，发病严重的桃园间隔7天再涂抹一次。

（9）桃树枝枯病

① 为害症状

桃树枝枯病主要为害桃树1～2年生新梢，也可危害叶片和果实。

新梢染病：病害先从幼嫩枝梢开始发生，然后向下蔓延直至主干。受害枝条皮层初呈暗灰色，后变浅红褐色，最后变成深灰色（图6-15），并形成很多黑色小粒点（即病菌的分生孢子盘）。病枝上的叶片逐渐变黄、脱落，枝条枯死。湿度大时，病部长出大量黑色短柱

图6-15　桃树枝枯病

状物（即分生孢子）。

叶片染病：以秋季受害最重，初为红褐色或黄褐色斑点，后扩大为1厘米以上的大病斑，病斑灰白色或灰褐色，边缘红褐色，病斑中央产生圆锥状褐色小粒点（分生孢子器）。

果实染病：初为褐色水渍状，后扩展迅速，病斑褐色。发病部位的果肉为黑色，且变软、有发酵味。感染初期病果看不到菌丝，中后期果面布满灰白色菌丝，最后病果失水干缩形成僵果，其上密生黑色小粒点。

② 发生规律

桃枝枯病为真菌病害，病菌主要以分生子器在枝病斑上越冬，翌年早春溢出分生孢子，通过风雨传播，从各种伤口及皮孔侵染为害，有多次再侵染的现象。病害发生最适宜的气温是18～23℃（5～37℃病菌都能活动），所以春秋两季病情发展迅速。该病菌具有潜伏侵染特性，多雨潮湿有利于病菌的传播与侵染，排水不良、树势衰弱或老龄桃树及冻害或春旱严重的年份发病严重。

③ 防治方法

农业防治参考桃细菌性穿孔病。

化学防治：可与褐腐病或褐斑穿孔病等真菌性病害兼治。

（10）桃根瘤病

① 为害症状

桃根癌病主要为害桃树根部，多发生在根颈部（图6-16），少数发生在侧根上。受害部位产生癌状肿瘤，肿瘤大小不一、形状不定，后期褐色至黑褐色，表面粗糙或凹凸不平，质地木质化、较硬。发病初期，肿瘤小如豆粒，随肿瘤生长，可达核桃、拳头大小。病树多树势衰弱、生长不良、植株矮小，严重时亦可导致叶片黄化、早衰，甚至全株枯死。

图6-16 桃根瘤病

② 发生规律

桃根癌病为细菌性病害，主要以细菌菌体在癌瘤组织的皮层内越冬，或在癌瘤破裂脱皮时进入土壤中越冬，可存活一年以上。主要通过雨水和灌溉水传播扩散，地下害虫也有一定传病作用，苗木带菌是该病远距离传播的重要途径。病菌从各种伤口如虫伤、机械损伤、嫁接口等侵入皮层组织，然后开始繁殖，并刺激伤口附近细胞分裂，形成癌瘤。病菌从侵入到癌瘤形成，病程差异很大，少的几周，多的一年以上。重茬地，碱性土壤，土壤湿度大、黏重、排水不良，均有利于侵染和发病。

③ 防治方法

苗木繁殖过程中忌选用重茬地和发生过根癌病的地块作苗圃。苗木调运或栽植前要进行检查，发现病苗必须剔除并销毁以防病原的扩散。苗木栽植前用K84浸根处理，可预防栽植后病菌的侵染。地下害虫的为害易造成根部受伤，会增加桃树根癌病发病机会。因此，应及时防治地下害虫，以减少该病发生。

4. 主要虫害及防治方法

（1）蚜虫

① 为害特征

蚜虫是桃树上最常见的害虫之一，桃树蚜虫主要包括桃蚜、桃粉蚜和桃瘤蚜三种（图6-17），其中桃瘤蚜分布较广。蚜虫主要危害新梢，造成叶片卷曲脱落；还会传播病毒病，其排泄物滋生真菌，形成霉污病，影响果实外观。三种蚜虫均以成虫

桃蚜

桃瘤蚜

桃粉蚜

图6-17 蚜虫

或若虫群集叶背吸食汁液，其中桃粉蚜为害时叶背布满白粉。

② 发生规律

蚜虫一般1年发生10～20代，以卵在桃枝芽腋处越冬。翌年花芽膨大露红时开始孵化，先在芽上为害，落花期可为害花萼。展叶后多转移到叶背为害，被害叶卷曲，影响新梢和果实生长。5月中下旬为害最为严重，之后产生有翅蚜转移到其他植物上为害。10月有翅蚜再飞回桃园，在桃树上产生有性蚜，交尾后产卵越冬。

③ 防治方法

农业防治：桃园内避免夹种蔬菜，尤其是十字花科蔬菜，以减少蚜虫的夏季繁殖场所。春季蚜虫发生量较少时，及时剪除被害嫩叶。

物理防治：利用有翅蚜有趋黄的特性，在桃树生长期悬挂黄板诱杀有翅蚜，尤其是4—6月和9—10月。

生物防治：尽量使用低毒、低残留、选择性高的农药，保护和利用草蛉、瓢虫、食蚜蝇、蚜茧蜂等蚜虫天敌。

化学防治：花芽露红期，全园桃树及地面细致周到的喷布一次石硫合剂。从桃芽萌动开始，经常进行虫情发生情况调查，展叶初期、发生早期要加强预防性防治，可选用22%氟啶虫胺腈悬浮剂5 000～10 000倍液，或35%噻虫·吡蚜酮水分散粒剂3 500～4 500倍液，或22.4%螺虫乙酯悬浮剂4 000～5 000倍液，或20%氟啶虫酰胺悬浮剂3 000～5 000倍液，或46%氟啶·啶虫脒水分散粒剂8 000～12 000倍液，或75%吡蚜·螺虫酯水分散粒剂4 000～6 000倍液，或0.3%苦参碱水剂600～750倍液，或80亿孢子/毫升金龟子绿僵菌CQMa421可分散油悬浮剂1 000～2 000倍液喷雾防治。喷药次数根据虫情而定，一般1～2次即可控制。秋季9—11月有翅蚜回迁到桃树上时，可用前述药剂喷雾，压低越冬基数。

（2）梨小食心虫

① 为害特征

梨小食心虫主要危害新梢和果实（图6-18）。新梢生长期幼虫蛀食嫩梢，导致嫩梢萎蔫、顶端枯死。中后期开始为害果实，多从梗洼、萼洼及两果贴邻处蛀入，前期为害较浅，蛀孔周围显出凹陷，后期虫道直达果心，取食果肉及种子，将虫粪排于其中，形成"豆沙馅"，不能食用。

六、有害生物及逆境防控

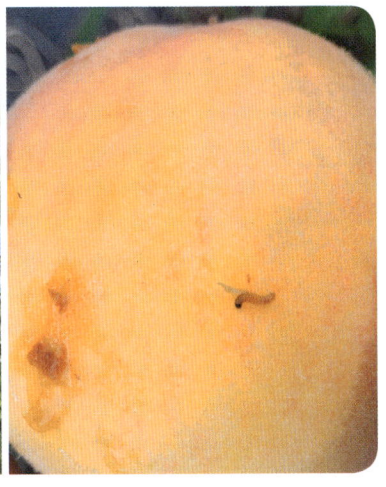

新梢受害症状　　　　　　　　　　　　　果实受害症状

图6-18　梨小食心虫

② **发生规律**

梨小食心虫在上海地区1年发生6～7代，以老熟幼虫在根茎部土壤中、树干翘皮缝隙、剪锯口越冬，有的也可在石块下、果品仓库墙缝处结茧越冬。翌年春3月中旬开始化蛹，4月中旬至7月上旬幼虫以蛀梢为主，7月中旬到8月下旬幼虫以蛀果为主。成虫昼伏夜出，对糖醋液和果汁及黑光灯有较强趋性。梨小食心虫有转主危害习性，在梨和桃树混栽或邻栽的果园，梨小食心虫发生更重；雨水多，湿度高的年份发生重；果实接近成熟期，果肉松软，易于幼虫蛀食，虫量多，危害加重。

③ **防治方法**

农业防治：建园时避免桃、梨等混栽。及时剪除被害嫩梢（萎蔫新梢），摘除树上虫果，收集落地虫果，集中销毁，消灭幼虫。果实套袋可以有效阻止幼虫蛀食果实。

物理防治：利用梨小成虫对糖醋液及黑光灯的强烈趋性，在桃园内设置糖醋液诱捕器、黑光灯或频振式诱虫灯等诱杀成虫。糖醋液的配比为食糖∶食醋∶酒精∶水=3∶1∶3∶80，放置在塑料盆或专用诱捕器内，占容器体积1/2为宜，悬挂在树冠外围中上部无遮挡处。每亩悬挂15～20个，雨季和高温天气，蒸腾、流失量大，注意补充糖醋液和清理虫体，废弃糖醋液和虫体带出园外深埋处理。

生物防治：3月末至4月初梨小食心虫越冬代成虫羽化出土前，在桃高2/3处的树枝上拧挂240毫克/条梨小食心虫性迷向缓释剂，使用密度为33条/亩，持效期可达

4个月。梨小迷向缓释剂可降低成虫交配概率,压低前期虫量,进而减轻幼虫对桃梢、桃果为害。

化学防治:幼虫孵化蛀梢和蛀果前是化学防治的关键时期。做好虫情预测预报,准确判断梨小食心虫的成虫羽化高峰期和卵孵化盛期,及时施药防治非常关键。在成虫发生高峰期后3~5天内进行化学防治,连续喷药2次,间隔5~7天。可选择32 000 IU/毫克苏云金杆菌可湿性粉剂200~400倍液,或16 000 IU/毫克苏云金杆菌可湿性粉剂100~200倍液等适宜农药喷雾防治。因梨小食心虫的成虫可以迁飞转移,附近的果园最好能够同时喷药,做到联防联治,这样可以更好地巩固防治效果。

(3)绿盲蝽

① 为害特征

绿盲蝽主要以成虫和若虫的刺吸式口器为害幼嫩组织,如幼芽、嫩叶、花蕾及幼果等。嫩叶受害形成褐色坏死斑点,随叶片生长,逐渐发展成不规则孔洞导致叶片支离破碎,严重时受害叶片扭曲、皱缩、畸形。近成熟叶片受害,形成淡灰绿色斑点,影响叶片光合功能。在谢花后花萼未脱掉前,绿盲蝽刺吸幼果汁液,造成果皮下产生坏死斑点,随果实膨大,刺吸点处逐渐凹陷形成木栓化陷斑,受害斑点多时表现畸形,果实品质显著降低(图6-19)。

绿盲蝽成虫　　　　　　果实受害症状　　　　　　叶片受害症状

图6-19　绿盲蝽

② 发生规律

绿盲蝽在上海地区1年发生4~5代,主要以卵在果树枝条的芽鳞内或其他植物中越冬。翌年4月中旬开始孵化,4月下旬为孵化盛期,初孵若虫集中为害花器、嫩芽和幼叶。5月上中旬越冬代成虫羽化达到高峰，集中为害幼果。为害期持续到6月中旬，尤以展叶期至幼果期为害最重，当嫩梢停止生长、叶片老化后则转移到周围其他寄主植物上为害。秋季部分末代成虫又陆续迁回桃园，在顶芽上产卵越冬。成虫、若虫均比较活泼，爬行迅速，具有很强的趋嫩性，可在不同的作物之间转移为害。

③ 防治方法

农业防治：果树萌芽前，彻底清除桃园内及周边的枯枝落叶和杂草，消灭越冬虫卵。

物理防治：在桃园里每亩悬挂黄板20～30片/亩，或每50亩安装频振式杀虫灯1台，均可有效降低成虫数量。

生物防治：保护和利用绿盲蝽天敌（蜘蛛、猎蝽、草蛉、小花蝽、瓢虫、虎甲、缨小蜂、齿唇姬蜂、黑卵蜂等），化学防治时尽量选用对天敌毒性小的杀虫剂；也可采用性信息素诱杀绿盲蝽。

化学防治：桃树抽枝展叶后，可与蚜虫一起兼治。用药尽量在早晨或傍晚，连同地面和行间作物和杂草一起喷洒。

（4）叶螨

① 为害特征

桃树的害螨主要有柑橘全爪螨（别名红蜘蛛）和二斑叶螨（别名白蜘蛛）（图6-20）。两种叶螨以刺吸式口器刺吸寄主叶片、嫩梢和花萼等绿色组织的汁液。为害较轻时，树体内膛叶片主脉两侧出现苍白色小点；为害较重时，全株叶片严重失绿、

柑橘全爪螨（赵杰拍摄）　　　二斑叶螨　　　二斑叶螨危害症状

图6-20　叶螨

干枯脱落，当年果小，商品性差，造成损失较大。

② **发生规律**

上海地区柑橘全爪螨1年发生15代以上，主要以卵、成螨及若螨在枝条和叶背越冬，也有部分藏在树皮裂缝内或落叶和枯草中越冬。早春开始活动，逐渐扩展到新梢，4—5月达到高峰，5月以后虫口密度开始下降，7—8月高温期间数量很少，9—10月虫口又上升为害严重。

上海地区二斑叶螨1年发生20代以上，以受精的雌成螨在树干翘皮、粗皮裂缝、杂草、落叶、土缝中或冬季作物上越冬。3月下旬至4月中旬，越冬雌成螨开始出蛰。4月底至5月初为第1代卵孵化盛期。树下越冬的雌成螨出蛰后多集中在杂草上为害繁殖，树上叶螨在树冠内膛为害和繁殖。6月以后，树下叶螨逐渐向树上转移。7月开始叶螨逐渐向树冠外围扩散，繁殖速度快，虫口密度大时，成螨吐丝并借丝传播。高温干旱有利于二斑叶螨的发生，7—9月为盛发期。9月下旬以后，随着气温下降，陆续向杂草和保护地转移，10月雌成螨开始陆续越冬。

③ **防治方法**

农业防治：冬季清扫落叶，清除田间杂草，刮除老树皮，翻耕树盘均能消灭部分越冬雌虫降低越冬虫基数。8—10月在树干主侧枝基部绑扎诱虫带诱集越冬雌虫，待害虫完全越冬休眠后到出蛰前（即冬末春初）集中解下诱虫带进行销毁或深埋。

生物防治：保护和利用自然天敌，化学防治时尽量选择对天敌较安全的农药，充分保护和发挥天敌的自然控制作用。

化学防治：早春为越冬螨出蛰期和卵孵化初期，是最佳药剂防治时期，全园喷施1次3～5波美度石硫合剂清园，同时对杂草和果树根际喷雾。谢花后的展叶期和叶片初现斑点症的为害初期也是重要的防治时期，需要及时喷药，可喷施5%桉油精可溶液剂500～750倍液或40%哒螨·乙螨唑悬浮剂4 000～5 000倍液。螨类容易产生抗药性，要交替用药。

（5）桃蛀螟

① **为害特征**

桃蛀螟以幼虫蛀食果实为害，先从果柄基部蛀入，再入果核；蛀孔处常流出黄褐色透明黏胶，周围堆积有大量红褐色虫粪，果实出现异常变色、脱落、腐烂（图6-21），受害严重时果实脱落。

六、有害生物及逆境防控

图6-21　桃蛀螟

② 发生规律

桃蛀螟在上海地区1年发生4代，主要以老熟幼虫在果树翘皮裂缝、僵果、玉米秸秆、向日葵花盘及周围土缝、石缝处结茧越冬。越冬幼虫翌年5月化蛹并相继羽化为成虫，在枝叶茂密、果实相靠处产卵。初孵幼虫先在果梗、果蒂基部吐丝、蛀食果皮，后从果梗基部蛀入果内。成虫昼伏夜出，具强烈的趋光性和趋化性。

③ 防治方法

农业防治：桃园内避免套种玉米、大豆等中间寄主作物，以减少虫源。冬季清洁桃园，刮除树干老翘皮。结合桃园开沟施肥，秋冬季深翻树盘，能有效杀灭在土壤中越冬虫源。桃园间种诱集植物（高粱、玉米、向日葵等），开花后引诱成虫产卵，定期喷药消灭。

物理防治：可用频振式杀虫灯、糖醋液和性引诱剂等诱杀成虫，减少桃果上的产卵量。果实套袋也是预防桃蛀螟的有效方法。

生物防治：桃园养鸡、鸭、鹅等家禽，可啄食脱果幼虫，也可采用白僵菌、苏云金杆菌、绿僵菌、姬蜂、赤眼蜂、啄木鸟等进行防治。

（6）橘小实蝇

① 为害特征

橘小实蝇主要以幼虫在果实内取食为害（图6-22）。成虫产卵于寄主果实，幼虫

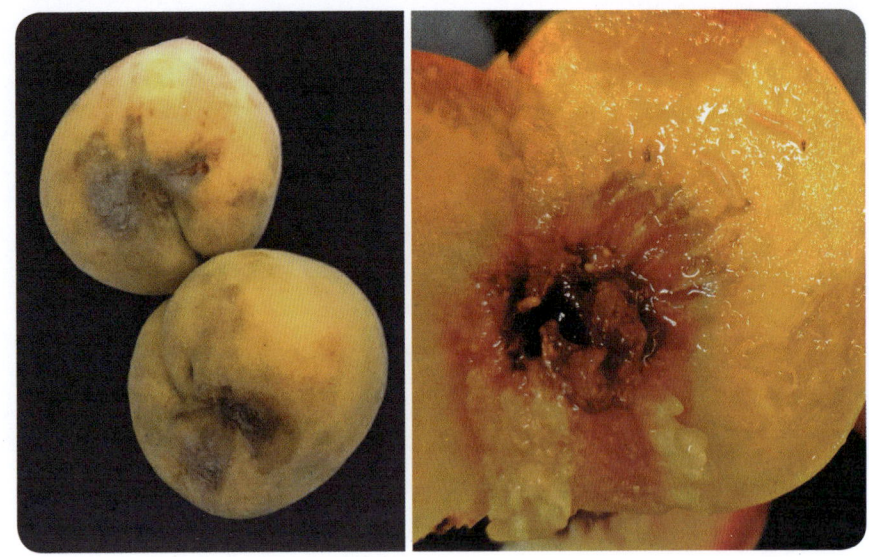

图6-22 橘小实蝇

在果实内取食果肉并生长发育,从而导致果实腐烂、脱落,严重影响果实的产量和质量品质,造成巨大的经济损失。

② **发生规律**

橘小实蝇在上海1年发生5~6代,各世代重叠,以蛹藏在泥土中越冬。每年4—5月成虫破蛹而出,6—8月开始交尾产卵于将近成熟的果皮内,8—10月是危害高峰,受害果实内的幼虫老熟后脱果入土化蛹。成虫喜欢出没在遮阴处或者日照少的桃园,并且具有较强的飞行能力,喷洒药液杀虫效果并不理想,需要综合防治效果才好。

③ **防治方法**

农业防治:以预防为主,通过及时摘除树上虫果和收集地上落果进行深埋或者火烧,消灭橘小实蝇的卵或者幼虫,以此减少橘小实蝇当年的虫源基数。冬、春季翻耕桃园和其附近的土壤,可减少和杀死土中越冬的幼虫、拟蛹和蛹,降低第2年的田间虫口基数。

物理防治:挑选质量好的果袋进行套袋可有效避免成虫产卵。利用成虫的趋光性特点可选择诱虫灯在夜间诱杀。

生物防治:在橘小实蝇高发的时段,可利用黄板或性引诱剂诱杀成虫。每亩桃园养鸡不超过20只,可以消灭表土中及落果内的老熟幼虫及蛹。

(7) 蜗牛

① 为害特征

蜗牛以幼体、成体取食叶片或果皮及果肉，将叶片啃成孔洞或缺刻，将果面啃成坑洼状，少数果实被啃去大部或全部果皮。油桃受害较毛桃严重（图6-23）。

图6-23　蜗牛

② 发生规律

上海地区1年发生1～1.5代。蜗牛成体或幼体多在植物根部、草堆、石块或松土下面越冬。翌年3月上中旬开始活动，为害和产卵繁殖主要在4—6月和9—11月2个阶段，以5—6月为盛期。温暖多雨天气及田间潮湿地块受害重；遇有高温干燥天气，蜗牛常分泌黏液形成蜡状膜将壳口封住，潜伏在潮湿的土缝中或茎叶下，待条件适宜时，如下雨或灌溉后，于傍晚或早晨外出取食。

③ 防治方法

农业防治：经常清洁田块，及时中耕，清除田间、畦面的杂草和作物残体，破坏蜗牛的栖息地和产卵场所。秋冬深翻园地，将卵和越冬成虫翻至地表，让成虫被晒死、冻死或被天敌取食。剪除离地面40厘米以内的下垂枝，割除地面杂草，尤其是将要与果树枝梢交叉的部分杂草，减少蜗牛上树为害的机会。

物理防治：将蜗牛专用阻隔器绑缚在树干上，呈倒漏斗状，可以阻止蜗牛上树。树干附近的地面铺满稻壳，防止蜗牛靠近爬上树。将杂草、树叶堆放在田间，诱集蜗牛后进行人工捕杀。

生物防治：鸭子喜食蜗牛，能将土壤中和树干上的蜗牛吃掉。在春季3—4月蜗牛刚出来还未上树危害前,每亩桃园内放养成年鸭子2～3只,具有较好的防治效果。

(8) 桃红颈天牛

① 为害特征

桃红颈天牛以幼虫在树干的韧皮部、木质部和形成层内蛀食为害,蛀道弯曲,每隔一段距离向外蛀一排粪孔,把虫粪排出孔外,堆积在枝干上或地面。蛀食为害造成皮层脱落(图6-24),树干中空,导致树势衰弱,产量降低,寿命缩短,严重时造成枝干枯死,甚至全树死亡。

为害树干　　　　　　　幼虫　　　　　　　成虫

图6-24　桃红颈天牛

② 发生规律

桃红颈天牛在上海地区1～1.5年完成一个世代,第一年以幼龄幼虫、第二年以老熟幼虫在蛀道内越冬。4—6月,老熟幼虫黏结粪便、木屑在木质部虫道中作茧化蛹。6月羽化,成虫6月中下旬开始发生,晴天中午成虫多停留在树枝上栖息,雌虫受惊扰飞逃,雄虫爬行躲避或掉落。6月下旬至7月上旬成虫产卵于枝干裂皮缝隙中,以近地面以上30厘米左右范围内较多。10月下旬幼虫开始越冬。衰老树及衰弱树受害较重,旺盛树和幼树受害较轻。

③ 防治方法

以农业防治方法为主,在7—8月成虫产卵前,在成虫发生期利用其活动性弱和假死性的特点,白天振动枝干,使成虫受惊落地,捕杀成虫。利用幼虫向树体外排泄粪便及木屑的特性，在发现新鲜虫粪处，用细钢丝或小刀挖杀幼虫。受害严重或死亡的植株或大枝，要及时连根刨除、烧毁，消灭树体内幼虫。利用桃红颈天牛惧怕白色的习性，在成虫发生前对主干、主枝进行涂白，阻止成虫产卵。涂白剂配方为：生石灰：硫黄：食盐：植物油：水=10：1：0.2：0.2：40。也可使用当年熬制石硫合剂的沉淀物涂刷1米以下的主干和主枝。

（二）主要灾害逆境及防控方法

由于全球气候变化的不确定性和极端性导致气象灾害频繁发生，上海桃产业面临的灾害性天气主要有春季低温和台风，这些都给本地区桃生产带来极大影响。

1. 春季低温

（1）发生情况

桃树在开花期遭遇倒春寒后，雄蕊最先冻死，柱头颜色变褐（图6-25），造成落花落果而减产，受灾严重年份水蜜桃减产达50%左右，黄桃减产20%左右。

图6-25 受冻后的花朵和雌蕊

（2）预防方案

注意天气变化，及时收听天气预报，掌控低温来临时间，做好预防工作：通过合理施肥培养健壮树势以提高树体的抗寒能力；行间生草可调节园内小气候，夜晚释放储蓄的热量可提高近地面处温度1～2℃，增加园内湿度，因此可增强园区抵御霜冻的能力；冬季修剪采用长梢修剪方式并增加留枝数量，可以增加总花量和延长开花时间，减少低温冻害的影响；萌芽后晚霜来临前，喷施防冻剂增强抗寒性；萌芽前灌水，降低地温，可推迟花期，避开倒春寒；倒春寒发生时，田间喷水，让花或果实表面结冰，避免温度的进一步降低。

（3）补救方案

当果树已经遭遇到冻害之后，可从以下几个方面进行补救：冻害发生后，及时喷施"碧护"等生长调节剂，增加花果的抗逆能力；适当延迟疏果时间，减少疏果量，保证坐果率；受冻害后桃树抗病虫力减弱，需加强病虫害防治，春剪后可喷施一次广谱杀虫、杀菌剂；倒春寒严重时后期挂果量少，应注意夏季控制树体旺长，及时剪除过旺枝条，保证树体通风透光，同时做好肥水管理，为来年结果打下坚实的基础。

2. 台风

（1）发生情况

南方沿海地区，7月下旬到8月上旬是台风频发季节。台风风力大的情况下造成幼树倒伏，结果大树主枝断裂，处于成熟期的果实大量掉落，严重时甚至绝产。台风前后，降雨量较大，往往会造成桃树短期涝害，轻则伤树，重则死树（图6-26）。

（2）预防方案

为预防台风灾害发生，可以从以下几个方面进行准备：

高标准建园：选择地势高的地块建园、科学的设计排水系统及采用起垄栽培模式等均可减轻涝害；桃园周围种植防风林或者设置风障，选择成熟期错开台风高发期的品种、竖立水泥柱或者镀锌管对树体进行绑缚等均可减轻风害。

台风前做好沟系疏通、树体和设施加固等事宜，还要准备好排水设施设备。

对于处在成熟期的品种抓紧抢收入库，减少损失。

六、有害生物及逆境防控

树体倒伏

台风后幼苗淹水枯萎

台风后老树被吹折

图6-26 台风危害

做好树体管理工作,维持好一个较中庸的树势,能够有效地抵御淹水。

生产中避免过度使用多效唑等植物生长抑制剂造成树势衰弱,抗逆性下降。适当稀植,避免种植密度过密,种植密度过大,阻抗台风时受力更大更易被吹倒;台风前做好修剪工作也可有效减少台风带来的危害(图6-27)。

竖立支架防风　　　　夏季修剪受害轻

稀植受害轻

图6-27　减轻风害的措施

（3）补救方案

台风灾害发生后可从以下几个方面进行补救：

① 及时清理疏通桃园沟渠

保持排水畅通，防止积水对桃树生长产生不利影响。地表不平，积水不明显的桃园往往内涝（渍涝）严重，要立即在行间开沟及时排水。

② 增加土壤透气性

雨后天晴时及时中耕松土。如果地表覆盖黑色地膜、地布或其他透气性差的覆盖物，要根据土壤水分状况及时掀开覆盖物透气，减少高温高湿环境对根系的二次伤害。

③ 扶正树体并覆土保湿

对倾斜角度较小的树体及时扶正培土，对歪倒的大树，宜先剪除断裂的树枝以及受伤枝条、用木棍暂时支起，使树叶离地即可，同时在裸露的根系上覆盖泥土，避免风吹日晒使根系干枯，待落叶休眠后再行扶正。

④ 减轻负担，恢复树势

对于受害严重的果树，剪除断枝及部分枝叶，以减少蒸腾量，防止植株死亡。摘除部分或全部果实，减轻树体负担。不宜进行土壤施肥，可结合喷药进行叶面追肥。

⑤ 杀虫杀菌

降雨会增加树体病害的传播和发生，及时清理纸袋、落果和断枝，并集中销毁。天晴时喷一次杀虫、防病药剂，重点防治穿孔病、炭疽病和褐腐病。

⑥ 防强日晒

涝灾后如果遇到高温晴天，将会加重树体的伤害。因此，需要加强防晒工作，可通过覆盖遮阳网，或者使用喷淋设备向空中喷水保湿以防叶片萎蔫。

上海市果树全产业链生产技术：桃

上海市果树全产业链生产技术

桃

七

采收及商品化处理

为了提高桃果实商品性状和经济效益，需要对采收后的果实进行商品化处理和贮藏保鲜，这是生产和销售间不可缺少的环节，也是保证增收的必要措施。商品化处理主要包括采收、分级、包装、保鲜和运输等。

（一）采收

1. 适时采收

采收成熟度是决定果实贮藏寿命和最终品质的重要因素，根据果实外观色泽、硬度和大小将桃的成熟，分为下述几等（图7-1）：

七成熟：白桃品种果实底色变为绿色，黄桃果实底色呈绿中带黄。果面基本平整，果实较硬，毛茸较密。

八成熟：果皮的绿色大部褪去，白桃呈绿色或乳白色，黄桃大部分为黄色。果面丰满，果实稍硬，毛茸变稀，着色品种阳面已经着色，果实固有的风味开始出现。

九成熟：果皮的绿色基本退尽，白桃呈乳白色，黄桃呈黄或橙黄色。果面丰满光洁，毛茸稀，果肉有弹性，充分表现品种的固有风味，着色的品种充分着色。

十成熟：果皮无残留绿色，溶质品种果肉柔软、汁液多、皮易剥离，稍压伤出现破裂或流汁。不溶质品种果肉弹性下降，硬肉品种果肉开始发绵或粉质。

应根据果实的品种特性、用途、销售远近、运输工具和贮藏条件等综合因素来确定采收时期。一般就地鲜销宜八九成熟时采收，远地运输可于七八成熟时采收。硬桃、

七至八成熟

八至九成熟

九成熟至完熟

图7-1　不同成熟度的水蜜桃

不溶质桃可适当晚采，而溶质桃，尤其是软溶质桃必须适当早采，以免运输造成损耗。

2. 采收方法

果实宜分批多次采收，同一品种可分3～4次采收，每次间隔2～3天。选择晴朗或多云无雨的清晨或下午采摘，避免下雨后及有露水的早晨采摘。采收时，用手掌托持果实，稍扭即下（图7-2）。采收顺序应从由上而下由外向里采摘。采摘时动作要轻，对果实轻拿轻放。所用的筐要浅，并用软质材料衬垫。尽量避免刺伤、捏伤、

采摘轻拿轻放

采摘容器泡沫单层箱

图7-2 采摘过程

挤伤果实。采下的果实应迅速就地分级包装或运往分级包装场。

（二）分级

1. 分级标准

桃果品宜在温度为15～20℃的分级包装间内进行分等分级。

初分级：去袋后，剔出病果、残果、次果、伤果等非正常果，挑选七至八成熟果实，放入泡沫筐中进行预冷。

再分级：根据果实的外观、重量和可溶性固形物含量对果实进行分级，分级标准参考表7-1、表7-2。

表7-1　鲜桃外观等级标准

等级		特级	一级	二级
基本要求		果实完整良好，新鲜洁净，无果肉褐变、病害、虫害、刺伤，无异常的外来水分，充分发育，无异常气味或滋味，具有可采收成熟度或食用成熟度，整齐度好		
果形		果形具有本品种应有的特征	果形具有本品种的基本特征	允许果形稍有不正，但不得有畸形果
果实色泽		具有本品种成熟时应有的色泽，各主要品种的具体规定见表7-2		
果面缺陷	碰压伤	不允许	不允许	不允许
	梗洼处果皮损伤	不允许	允许损伤总面积不超过0.5厘米^2	允许损伤总面积不超过1.0米^2
	磨伤	不允许	允许轻微磨伤一处，面积不超过0.5厘米^2	允许轻微磨伤一处，面积不超过1.0厘米^2
	雹伤	不允许	不允许	不允许
	裂果	不允许	允许风干裂口一处，长度不超过0.5厘米	允许风干裂口一处，长度不超过1.0厘米
	虫伤	不允许	允许轻微虫伤一处，总面积不超过0.06厘米^2	允许轻微虫伤一处，总面积不超过0.03厘米^2

注：果面缺陷不超过两项。

表7-2 鲜桃理化等级指标

类型	品种	色泽	特级		一级		二级	
			单果重（克）≥	可溶性固形物含量（%）≥	单果重（克）≥	可溶性固形物含量（%）≥	单果重（克）≥	可溶性固形物含量（%）≥
油桃	沪油018	果底浅黄色，盖紫红色	200	13	180	12	150	11
水蜜桃	新凤蜜露	果底绿白，果面散布细小红点及红斑	250	14	200	13	150	12
	大团蜜露	果底绿白，果面散布细小红点及红斑	300	14	250	13	200	12
	川中岛	果底绿白，果面散布细小红点及红斑	300	14	250	13	200	12
蟠桃	玉露蟠桃	果底乳黄，顶部果面粉红色到紫红色	200	14	150	13	120	12
黄桃	锦香黄桃	果底金黄色，果面深红色	250	12	200	11	180	10
	锦绣黄桃	果底黄色，果面有红晕	300	14	250	13	200	12.5
	锦园黄桃	果底黄色，盖红色25%	250	14	200	13	180	12
	锦花黄桃	果底黄色，盖红色25%	350	14.5	280	13.5	225	13

注：同一等级重的单果重差在25～30克。

2. 分级方法

人工分级：凭人的视觉与经验将成熟度差异明显、果实大小差异较大的果实分别放置在不同的分级堆中，这是目前全国各主产区主要的分级方式（图7-3）。

机械分级：采用近红外线无损伤糖酸检测仪，检测果实的可溶性固形物含量、酸度和内部病变等，根据果实的内在品质进行分级（见图7-3）。

人工分级

机械分级

图7-3　分级方法

（三）包装

1. 包装

桃平层箱装果实6～15个，拎箱重在2.5～5千克。单果之间可用泡沫网或者纸板分隔。外层包装以纸箱为主要材料，应符合NY/T 658《绿色食品包装通用准则》标准。内部包装材料以珍珠棉、食品包装纸及塑料泡沫网（图7-4）等为主要材料，

珍珠棉包装8个装

泡沫网包装6个装

图7-4　珍珠棉和泡沫网内包装

应符合GB 9685《食品容器、包装材料用添加剂使用卫生标准》要求。包装材料不得对产品造成二次污染。

2. 标识

包装标识应符合法律、法规的规定，并符合相应食品安全标准的规定。按照规定标明产品的品名、产地、生产者、生产日期、采收期、产品质量等级、产品执行标准编号等内容（图7-5），使消费者购买时易于辨认和识读，并且应真实、准确，不得以虚假、夸大等容易使人误解或欺骗性文字、图形等方式介绍产品。

图7-5 包装箱标识

（四）保鲜

1. 预冷

预冷指采后迅速降低桃本身的呼吸热和田间热，使其达到冷藏的温度或接近冷藏温度的过程。分级包装好后的果实需及时进行迅速预冷（图7-6），预冷时应采取分批次进果或配备专门预冷库，使果温迅速下降。预冷速度愈快，预冷愈彻底、袋内结露愈小、储藏效果愈好。预冷温度设定为4℃，以果心温度降至4℃为宜。预冷期间，应打开箱盖、袋口，去除田间热。预冷24小时后，封箱冷藏或装车运往销售点。装车或入库贮藏以午夜至清晨气温较低时段进行为佳，可防止果温回升。

图7-6　预冷

2. 贮藏

桃在低温贮藏中易遭受冷害，在-1℃就有受冻的危险。因此，桃的贮藏常用温度为1～3℃，适宜相对湿度为85%～90%。安全贮藏期为10～15天（图7-7）。桃果在低温下长期贮藏，风味会逐渐变淡，甚至产生冷害，果肉褐变等现象。特别是桃移到高温环境中后熟时，果肉会变干、发绵、变软，果核周围的果肉明显褐变，在冷库内采用塑料薄膜小包装可延长贮期。

图7-7 冷库保鲜

（五）运输

桃果品应采用冷藏车运输，温度设置因运输距离远近而异。建议运输车温度为短途运输8～10℃、中途运输6～8℃、长途运输2～4℃，具体参数见表7-3。运输车内温度波动不应超过±2℃。运输过程中应保持行车平稳，减少震动，尽量降低开关车厢门次数，例行安检时应迅速取出货物，及时关闭车门。运输工具应保持清洁、卫生，无污染。装卸时应轻装、轻放，快装、快运、快卸，货物卸下后放在阴凉通风的室内或冷库内，切勿露天堆放。

表7-3 冷藏车运输温度

类型	运输距离（千米）		运输时间（小时）		温度（℃）
短途运输	<500		<12		8～10
中途运输	≥500	≤1 000	>12	<24	6～8
长途运输	≥1 000		>24	<60	2～4

上海市果树全产业链生产技术：桃

上 海 市 果 树 全 产 业 链 生 产 技 术

桃

质量安全管理

随着我国经济的快速发展和人民生活水平的提高，食品安全问题越来越受到重视。因此，完善的质量安全管理制度是桃果品安全生产的根本，通过抓好桃园标准化管理，建立健全对投入品的监管、果品质量的监测以及质量安全可追溯制度等来有效控制农药残留污染，切实保障桃果品安全质量。

（一）管理制度

我国自20世纪80年代起陆续制定并实施了《产品质量法》《食品卫生法》等一系列农产品质量安全监督管理有关的法律法规，后续还颁布实施了《农产品质量安全法》，奠定了我国农产品质量安全监督管理的法律基础。

1. 投入品管理制度

农业投入品是指在农产品生产过程中使用或添加的物质，包括种子、种苗、农药、肥料等农用生产资料产品，应按照产品标签规定正确使用。其中，农药使用时应注意施药剂量（或浓度）、施药次数和安全间隔期。不得使用禁限用农药。

投入品管理应实行专人管理、闭环管理，并建立进出库台账。

2. 质量可追溯制度

鼓励生产主体信息上网，如神农口袋等平台。采用现代信息技术手段采集、留存生产记录、购销记录等生产经营信息，实现全程可追溯。

3. 承诺达标合格证制度

生产主体应在严格执行现有的农产品质量安全控制要求的基础上，对所销售的产品开具承诺达标合格证，鼓励带证上市。

（二）风险管控关键点

绿色桃产业链生产全过程从质量安全的角度出发，需要对建园选址、品种选择、栽培管理、绿色农药、肥料投入品的选择进行标准化以规避生产风险。全产业链标准化的生产是实现桃果从桃园到餐桌过程中确保安全的关键。上海桃生产全过程风险管控关键点可参考相关文献与标准列举如表8-1。

表8-1 桃全产业链生产风险管控关键点

序号	关键点	主要风险因子	参考标准
1	产地环境	空气污染、水污染	NY/T 391《绿色食品 产地环境质量》
2	生产投入品	农药、重金属污染	GB/T 8321《农药合理使用准则》 NY/T 393《绿色食品农药使用准则》
3	套袋	病虫源	GB/T 19341《育果袋纸》
4	施肥	化肥使用量、重金属污染	NY/T 394《绿色食品 肥料使用准则》
5	包装储运	致病菌 生物毒素 生物毒素、致病菌	GB/T 33129《新鲜水果、蔬菜包装和冷链运输通用操作规范》 NY/T 1778《新鲜水果包装标识通则》 NY/T 658《绿色食品 包装通用准则》 NY/T 1056《绿色食品贮藏运输准则》

1. 产地环境风险管控

产地环境是绿色、优质桃果品生产的前提。桃园在建园前需对预选园地土壤重金属含量、灌溉水源、地下水位等指标进行调查及检测，剔除产地环境不符合国家标准规定或低洼园地。地下水位较高地区园地需通过挖深沟、做高畦或者填土的方式将地下降至0.8米以下。

2. 生产风险管控

品种选择是优质绿色桃果品生产的基础，品种选择除了需要考虑品种的感官品质（视觉、嗅觉、味觉和触觉）、营养品质、贮藏加工品质以外，还需考虑桃品种在上海地区的适应性（丰产性和抗逆性）。同时在生产过程中应注意通过栽培措施培养健壮的树势增强植株抗病虫害能力，通过土壤进行增施有机肥和生草等措施提高土壤理化性状减少化肥的使用，通过病虫害的绿色防控、果品套袋和采收包装过程中使用环保绿色材料，达到减少农药、重金属残留超标风险的安全生产，相关残留物的含量均根据NY/T 844《绿色食品 温带水果》的规定控制在限度以下。

3. 生产投入品使用风险管控

桃生产中严格禁止使用剧毒、高毒、高残留的农药，绿色桃果品生产需根据NY/T 393标准《绿色食品农药使用准则》，并且在桃树上登记药品种类、用量、次数及安全间隔期进行使用，优先推荐使用生物农药和矿物农药，禁止在天敌高峰期使用广谱性农药，破坏果园生态平衡。

桃园所施用肥料应推荐使用农业行政主管部门登记或者免于登记的肥料。根据桃树所需营养水平提倡使用桃树专用商业有机肥以及有机-无机复混肥，适当合理的使用化肥，具体使用标准需根据NY/T 394《绿色食品 肥料使用准则》的规定。

（三）品质提升关键点

1. 高标准建园

高质量建园能够为果品生产提供良好的生态环境、肥沃的土壤、充足的光照以及较低的地下水位，既满足机械化操作便于高效管理，又为果实品质提升提供了有力的基础保障。

2. 品种结构调优

选择适宜的品种是生产高品质果品的首要条件。优良品种能够充分利用自然栽培的有利条件，克服其中的不利因素，表现出高产、优质、稳产、抗逆性强、适应性好等优点，能获得较高的经济效益。品种的选择需结合种植地区的气候、土壤特性以及当地的果品市场需求特点而定。上海地区宜种植适应性和抗逆性强，果实品质优良，以鲜食为主，便于近距离采摘和运输的品种。

3. 提高树体光能利用率

适合的栽植密度、高光效树形、夏季修剪及铺设反光膜等措施均能提升树冠内的光照条件，提高桃树叶片的光合能力，促进果实的着色和品质的提升。果实采收前是糖分迅速积累期，此时修剪对于促进果实着色和糖分积累尤为重要。

4. 合理负载

负载量调控与果实品质之间关系密切，合理的负载量可有效地增加桃果实的单果重和可溶性糖含量，提升果实风味。生产中可根据叶果比、树干截面积、树冠体积法等确定目标产量，通过修剪和疏果等措施严格控制产量，有利于果实外观及内在品质的提升。

5. 持续土壤改良

通过增施有机肥和果园生草可以提高土壤的有机质含量，增加土壤中微生物的种类和数量，增强土壤的保肥供肥能力和缓冲能力，为桃树的健康生长创造良好的土壤条件。同时，果园生草还有助于抗御高温干旱以及环境的变化，改善桃树根系生长环境，从而提升根系的活力和吸收功能，有利于提高果实品质。

6. 适度控水

收获前的降雨或人为大量灌水会降低果实糖度，相反，土壤过于干燥又会抑制果实膨大，助长涩果的发生。在果实膨大后期，适当保持土壤干燥，可以提升果实的糖度。如果降雨过多，需要及时做好排水工作，减轻水分对果实品质的不利影响。采收前10天停止灌水，有助于保持或提高果实品质。

7. 适时采收

桃果实完全成熟后糖度达到最高，风味也最佳，但果肉硬度会降低，影响果实贮藏运输与货架期，故应适时采收。同时，也要避免早采影响品质。在综合判断果实的饱满度、硬度、果皮底色的褪绿情况后，选择合适的时间采收。

（四）农产品认证

最为常见的认证分为产品认证和体系认证，其中产品认证主要为绿色食品认证和有机食品认证，体系认证主要为中国良好农业规范（GAP）认证、ISO 14000体系认证和ISO 22000体系认证等。

1. 绿色食品认证

绿色食品认证是指产自优良生态环境、按照绿色食品标准生产、实行全程质量控制并获得绿色食品标志使用权的安全、优质食用农产品及相关产品（图8-1）。

图8-1 二品一标标识

绿色食品申报流程根据《绿色食品标志管理办法》，操作平台为金农工程网，由申请人注册并提交认证申请。申请流程详见附录1。

申请人申报需要提供《绿色食品标志使用申请书》（以下简称"申请书"）及产品调查表、质量控制规范、生产技术规程、基地来源证明材料、原料来源证明材料、基地图、带有绿色食品标志的预包装标签设计样张及中绿中心要求提供的其他材料。申报人可以进行申报的条件需满足基本条件12项，产品需满足基本条件7项。

2. GAP认证

GAP即良好农业规范，我国参照国际较有影响力的良好农业规范标准，结合中国农业国情起草的良好农业规范系列国家标准，其中可用于桃GAP认证的相关良好农业规范系列国家标准有：《GB/T 20014.1 良好农业规范 第1部分 术语》《GB/T 20014.2 良好农业规范 第2部分 农场基础控制点与符合性规范》《GB/T 20014.3 良好农业规范 第3部分 作物基础控制点与符合性规范》和《GB/T 20014.5 良好农业规范 第5部分 水果和蔬菜控制点与符合性规范》。

附录

1. 绿色食品认证流程

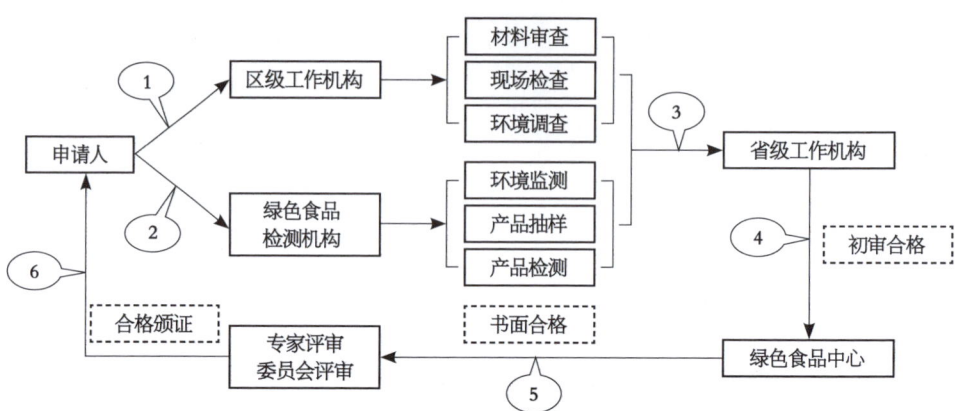

上海市绿色食品申报流程

2. 桃主要农事周年历

桃主要农事操作周年历

月份	物候期	主要生产操作要点
11—12月，1—2月	休眠期	1）冬季修剪、清园 2）清理沟渠 3）树干涂白 4）修剪后全园喷5波美度石硫合剂 5）主要防治各类越冬病虫害

附录

续 表

月份	物候期	主要生产操作要点
3月	萌芽期	1）适当疏蕾 2）花前复剪 3）追花前肥 4）浇萌芽水 5）桃芽萌芽初期和顶芽露红期分别喷布5波美度和2~3波美度石硫合剂 6）主要防治的病虫害：缩叶病、蚜虫
4月	开花坐果期	1）对于无花粉品种进行人工授粉 2）抹芽、回缩无果枝 3）覆盖园艺地布防草 4）设置糖醋液、性诱剂、杀虫灯 5）谢花后为喷药关键期，主要防治缩叶病、疮痂病、褐腐病、蚜虫、梨小食心虫、绿盲蝽、蜗牛
5月	果实硬核期	1）分批疏果，亩留果量8 000个左右 2）5月中旬开始套袋，早中熟品种建议使用单层黄袋，晚熟黄桃建议使用遮光袋，套袋前喷药 3）幼树插竹竿及绑缚整形 4）通过摘心、疏枝、短截和扭梢调整树势 5）追施硬核肥，以平衡肥为主 6）主要防治的病虫害：缩叶病、疮痂病、细菌性穿孔病、枝枯病、蚜虫、梨小食心虫、绿盲蝽、桃蛀螟、灰蜗牛
6—8月	果实膨大期~成熟期	1）注意梅雨期排水，果实采收前控水 2）通过疏枝、短截、扭梢等调整树势；前期进行修剪增加树冠内光照 3）果实成熟前20~30天追施膨果肥，以钾肥为主 4）及时除草，避免草荒 5）主要防治的病虫害：褐腐病、细菌性穿孔病、疮痂病、枝枯病、褐锈病、叶螨、梨小食心虫、桃蛀螟、红颈天牛、蜗牛 6）适时采收，采后进行分等分级和包装 7）短期保鲜的果品需先进行预冷，温度4℃，预冷时间≥20小时，储藏温度1~3℃、相对湿度85%~90%条件下，安全贮藏期为10~15天

续表

月份	物候期	主要生产操作要点
9—10月	养分积累期	1）进行保叶，防止因为病虫及干旱造成早期落叶 2）9月中下旬进行1次修剪，疏除上部过密枝条和直立强旺枝、徒长枝，对非直立生长的强壮新梢进行回缩，保证留下的新梢通风透光，促进花芽分化 3）全园撒施或开沟施基肥，有机肥1~2吨/亩+复合肥（15-15-15）千克/亩 4）人工种草，黄花苜蓿1.5~2千克/亩、白三叶1.5~2千克/亩，种草后需要及时浇水 5）主要防治的病虫害：褐锈病、细菌性穿孔病、蚜虫、叶螨、梨小食心虫、桃蛀螟

3. 桃绿色生产登记药剂防治

建议使用农药及安全间隔期

登记防治对象	农药名称	使用剂量		安全间隔期（天）
蚜虫	0.5%苦参碱水剂	1 000~2 000倍液		7
	35%噻虫·吡蚜酮水分散粒剂	3 500~4 500倍液	喷雾	10
	22%氟啶虫胺腈悬浮剂	5 000~10 000倍液	喷雾	7
	80亿孢子/毫升金龟子绿僵菌油悬浮剂	1 000~2 000倍液	喷雾	/
	20%氟啶虫酰胺悬浮剂	3 000~5 000倍液	喷雾	21
	75%吡蚜·螺虫酯水分散粒剂	4 000~6 000倍液	喷雾	90
	10%吡虫啉可湿性粉剂	4 000~5 000倍液	喷雾	7
红颈天牛	3%高效氯氰菊酯微囊悬浮剂	600~1 000倍液	喷雾	14
梨小食心虫	240毫克/条梨小性迷向素	33~43条/亩	悬挂	/
	16 000 IU/毫克苏云金杆菌可湿性粉剂	100~200倍液	喷雾	/
桃小食心虫	30%阿维·灭幼脲悬浮剂	1 000~15 000倍	喷雾	21
红蜘蛛	5%桉油精可溶液剂	500~750倍液	喷雾	/
	40%哒螨·乙螨唑悬浮剂	4 000~5 000倍液	喷雾	21

续　表

登记防治对象	农 药 名 称	使用剂量		安全间隔期（天）
疮痂病	30%苯甲·吡唑酯悬浮剂	2 000～3 000倍液	喷雾	14
褐腐病	10%小檗碱盐酸盐可湿性粉剂	800～1 000倍液	喷雾	/
	24%腈苯唑悬浮剂	2 500～3 200倍液	喷雾	14
	38%唑醚·啶酰菌水分散粒剂	1 500～2 000倍液	喷雾	28
细菌性穿孔病	40%噻唑锌悬浮剂	600～1 000倍液	喷雾	21
	40%戊唑·噻唑锌悬浮剂	800～1 200倍液	喷雾	14
	45%春雷·喹啉铜悬浮剂	2 000～3 000倍液	喷雾	14
	20%噻菌铜悬浮剂	300～700倍液	喷雾	14
流胶病	50亿CFU/克多粘类芽孢杆菌	1 000～1 500倍液	灌根或涂抹	/
褐斑穿孔病	60%唑醚·代森联水分散粒剂	1 000～2 000倍液	喷雾	28
	20%春雷霉素水分散粒剂	2 000～3 000倍液	喷雾	10
	325克/升苯甲·嘧菌酯悬浮剂	1 500～2 000倍液	喷雾	21
	80%硫黄水分散粒剂	5 00～1 000倍液	喷雾	7～14

注：上述农药为桃上已登记农药，更多最新登记农药可查询中国农药信息网（http://www.chinapesticide.org.cn/hysj/index.jhtml）。苏云金杆菌单独使用，不可与其他化学农药混合。

4. 桃生产中禁用农药名录

近些年，为保障农业生产安全、农产品质量安全和生态环境安全，有效预防、控制和降低农药使用风险，我国对于农药方面的监管越来越严，农业农村部及相关主管当局陆续发布了许多禁用和限用的农药产品清单。截至2022年3月底，我国已禁限用50种农药。预计未来一段时间内，随着风险评估的引入和国家对安全、高效、经济农药的鼓励和支持，会有越来越多的高风险农药产品被列为禁限用农药。《中华人民共和国食品安全法》第四十九条规定：禁止将剧毒、高毒农药用于蔬菜、瓜果、茶叶和中草药材等国家规定的农作物；第一百二十三条规定：违法使用剧毒、高毒农药的，除依照有关法律、法规规定给予处罚外，可以由公安机关依照规定给予拘留。

果树上禁止使用的农药

禁止（停止）使用的农药（50种）	仅在瓜果中禁止使用的农药（15种）
六六六、滴滴涕、毒杀芬、二溴氯丙烷、杀虫脒、二溴乙烷、除草醚、艾氏剂、狄氏剂、汞制剂、砷类、铅类、敌枯双、氟乙酰胺、甘氟、毒鼠强、氟乙酸钠、毒鼠硅、甲胺磷、对硫磷、甲基对硫磷、久效磷、磷胺、苯线磷、地虫硫磷、甲基硫环磷、磷化钙、磷化镁、磷化锌、硫线磷、蝇毒磷、治螟磷、特丁硫磷、氯磺隆、胺苯磺隆、甲磺隆、福美胂、福美甲胂、三氯杀螨醇、林丹、硫丹、溴甲烷、氟虫胺、杀扑磷、百草枯、2,4-滴丁酯、甲拌磷、甲基异柳磷、水胺硫磷、灭线磷	甲拌磷、甲基异柳磷、克百威、水胺硫磷、氧乐果、灭多威、涕灭威、灭线磷、内吸磷、硫环磷、氯唑磷、氟虫腈、乙酰甲胺磷、丁硫克百威、乐果

5. 果园常用机械

果园常用机械

机械种类	机械名称	性能	设备图片
枝条粉碎机	大型枝条粉碎机	粉碎后的颗粒细小，功率大，适合大型果园，但体积较大，移动需要拖拉机牵引，不够灵活。	
	小型枝条粉碎机	机器灵活，适合小型果园，但是枝条粉碎入口较小，影响工作效率。	

附录

续表

机械种类	机械名称	性　能	设　备　图　片
割草机	背负式割草机	使用灵活，成本低，但割草效率较低	
	手扶式割草机	操作灵巧，适合小型果园，但株间无法除草	
	乘坐式割草机	工作效率较高，但株间无法除草，设备成本较高	
旋耕机	履带式旋耕机	功率高，操作方便，适合大多果园，成本稍高	

115

续表

机械种类	机械名称	性能	设备图片
旋耕机	手推式旋耕机	操作灵活，价格便宜，适合小型果园，但功率略小	
施肥机	履带式施肥机	效率高，但装肥容量较少	
电动修剪刀	电动修剪刀	省力，效率高，但剪刀重量略重	
植保机械	履带式植保机	可对树体全方位喷药，比较灵活，但需要2个人配合操作，效率较低	

续 表

机械种类	机械名称	性　能	设备图片
植保机械	履带式风送喷雾机	具有良好爬坡和越障性能，效率高，但成本略高，手动或遥控控制方向均不理想	
果园作业平台	液压履带式多功能果园作业平台	噪声小，体积小，左右宽度可调，适合小型果园进行采摘和修剪，但要经常充电，略有不便	
运输车	履带式运输车	可在果树行间行驶，方便肥料搬运，但不够灵活	
	三轮运输车	常用来运输果品和农资物品，但多雨季节土壤比较黏重时无法在行间行走	

续 表

机械种类	机械名称	性　能	设备图片
分拣分级机	固定托盘式果品分拣分级机	可按果实外观着色、果实糖度及单果重等多个指标进行分级，效率高，但不适合硬度小的果品，占地面积大，成本高	
	自由托盘式果品分拣分级机	可按果实外观着色、果实糖度及单果重等多个指标进行分级，单个果实传输，适用于硬度较小的桃品种，如水蜜桃等。效率高，但是占地面积大，成本高	

主要参考文献

[1] 姜全，李莉.桃标准园生产技术[M].北京：中国农业出版社，2011.

[2] 苏明申，叶正文.桃树栽培[M].北京：中国劳动社会保障出版社，2019.

[3] 胡征令，施泽彬.桃优质高效栽培技术[M].北京：中国农业出版社，2019.

[4] 冯玉增，胡清坡.桃病虫害诊治原色图谱[M].北京：科学技术文献出版社，2010.

[5] 龚文杰，蒋华.西南地区桃绿色高效栽培技术[M].北京：中国农业出版社，2018.

[6] 王天元.桃病虫害快速鉴别与防治妙招[M].北京：化学工业出版社，2020.

[7] 赵杰，顾燕飞.桃树栽培与病虫害防治[M].上海：上海科学技术出版社，2021.

[8] 马之胜，王越辉.桃优质高产栽培关键技术[M].北京：中国科学技术出版社，2017.